南方电网能源发展研究院

南方电网发展报告

（2022年）

南方电网能源发展研究院有限责任公司　编著

中国电力出版社
CHINA ELECTRIC POWER PRESS

图书在版编目（CIP）数据

南方电网发展报告．2022年/南方电网能源发展研究院有限公司编著．—北京：中国电力出版社，2023.4

ISBN 978-7-5198-7667-8

Ⅰ.①南…　Ⅱ.①南…　Ⅲ.①电力工业—工业企业管理—研究报告—中国—2022　Ⅳ.①F426.61

中国国家版本馆CIP数据核字（2023）第050770号

出版发行：中国电力出版社
地　　址：北京市东城区北京站西街19号（邮政编码100005）
网　　址：http：//www.cepp.sgcc.com.cn
责任编辑：岳　璐（010-63412339）
责任校对：黄　蓓　于　维
装帧设计：张俊霞
责任印制：石　雷

印　　刷：北京华联印刷有限公司
版　　次：2023年4月第一版
印　　次：2023年4月北京第一次印刷
开　　本：787毫米×1092毫米　16开本
印　　张：7.25
字　　数：102千字
印　　数：001—800册
定　　价：48.00元

《南方电网发展报告（2022年）》

编 写 组

组　　长　黄　豫

副 组 长　梁　宇

主 笔 人　卓　越　聂金峰　曹　毅　刘志文

编写人员　潘旭东　覃　芸　袁康龙　雷　成　邵　冲

刘　平　陈泽兴　李　岩　周焕生　董　楠

周　晓　肖天颖　林呈辉

前 言

PREFACE

在积极稳妥推进碳达峰、碳中和的背景下，我国能源电力行业在加快规划建设新型能源体系、逐步构建新能源占比、逐渐提高新型电力系统的方向上奋力前行。南方电网能源发展研究院以习近平新时代社会主义思想为指导，在南方电网公司党组的正确领导下，立足具有行业影响力的世界一流能源智库，服务国家能源战略、服务能源电力行业、服务经济社会发展的行业智囊定位，围绕能源清洁低碳转型、新型电力系统建设以及企业创新发展等焦点议题，深入开展战略性、基础性、应用性研究，形成一批高质量研究成果，以年度系列专题研究报告形式集结成册，希望为党和政府科学决策、行业变革发展、相关研究人员提供智慧和力量。

2021年是“十四五”规划开局之年。在“四个革命、一个合作”能源安全新战略指引下，我国构建现代能源体系实现了良好开局。南方电网公司积极贯彻落实国家战略部署，加快步伐构建以新能源为主体的新型电力系统，全面建设安全、可靠、绿色、高效、智能的现代化电网。在推进城市电网升级和现代农村电网建设，推动电网数字化转型和智能化调控，保障电网安全稳定运行，提高新能源并网质量和效率等电网发展建设方面做了大量工作。因此，系统、全面、客观总结南方电网发展情况，不论是对梳理现阶段电网运行发展状况，还是对构建以新能源为主体的新型电力系统，都具有重要的现实意义和参考价值。

作为年度系列专题研究报告之一,《南方电网发展报告(2022年)》在2021年南方五省(区)电力供需情况分析和电网发展政策梳理的基础上,对南方电网的发展状况进行了全面梳理,并总结了2021年南方五省(区)电力发展成效。

本报告在编写过程中,得到了南方电网公司战略规划部、生产技术部、市场营销部、数字化部、南网总调等部门(单位)的悉心指导和帮助,在此表示最诚挚的谢意!

限于作者水平,报告难免存在疏漏与不足,恳请读者批评指正。

编　者

2022年9月

目 录

CONTENTS

第 1 章

电网发展相关政策梳理

1.1 中央及国家部委有关政策

（1）碳达峰碳中和顶层设计。2021年5月，中央成立碳达峰碳中和工作领导小组，统筹指导碳达峰碳中和工作，加快建立“1＋N”政策体系，立好碳达峰碳中和工作的“四梁八柱”。10月，相继印发《中共中央　国务院关于完整准确全面贯彻新发展理念做好碳达峰碳中和工作的意见》（以下简称《意见》）《国务院关于印发2030年前碳达峰行动方案的通知》（以下简称《行动方案》）两份贯穿碳达峰、碳中和两个阶段的顶层设计文件，构成“1＋N”政策体系的“1”，统领能源、工业、交通运输、城乡建设等分领域分行业碳达峰实施方案，以及科技支撑、能源保障、碳汇能力、财政金融价格政策、标准计量体系、督察考核等保障方案。

《意见》提出了构建绿色低碳循环发展经济体系、提升能源利用效率、提高非化石能源消费比重、降低二氧化碳排放水平、提升生态系统碳汇能力等五个方面主要目标，明确了10个方面31项重点任务，系统勾勒了碳达峰碳中和工作的路线图、施工图。主要目标方面，《意见》指出，到2030年，经济社会发展全面绿色转型取得显著成效，非化石能源消费比重达到25%左右，风电、太阳能发电总装机容量达到12亿kW以上，二氧化碳排放量达到峰值并实现稳中有降；到2060年，绿色低碳循环发展的经济体系和清洁低碳安全高效的能源体系全面建立，非化石能源消费比重达到80%以上，碳中和目标顺利实现。现代能源体系建设方面，《意见》指出，加快构建清洁低碳安全高效能源体系，强化能源消费强度和总量双控，大幅提升能源利用效率，严格控制化石能源消费，积极发展非化石能源，深化能源体制机制改革。

《行动方案》提出，重点实施能源绿色低碳转型行动、节能降碳增效行动、工业领域碳达峰行动、城乡建设碳达峰行动、交通运输绿色低碳行动、循环经济助力降碳行动、绿色低碳科技创新行动、碳汇能力巩固提升行动、

绿色低碳全民行动、各地区梯次有序碳达峰行动等“碳达峰十大行动”。其中，能源绿色低碳转型行动作为“碳达峰十大行动”之首，提出要坚持安全降碳，在保障能源安全的前提下，大力实施可再生能源替代，加快构建清洁低碳安全高效的能源体系，包括：推进煤炭消费替代和转型升级、大力发展新能源、因地制宜开发水电、积极安全有序发展核电、合理调控油气消费、加快建设新型电力系统等六项重点任务。

(2) 构建新型电力系统。首次提出构建以新能源为主体的新型电力系统。2021 年 3 月，习近平总书记主持召开中央财经委员会第九次会议，研究促进平台经济健康发展问题和实现碳达峰、碳中和的基本思路和主要举措。会议强调，我国力争 2030 年前实现碳达峰，2060 年前实现碳中和，是党中央经过深思熟虑作出的重大战略决策，事关中华民族永续发展和构建人类命运共同体。会议指出，要构建清洁低碳安全高效的能源体系，控制化石能源总量，着力提高利用效能，实施可再生能源替代行动，深化电力体制改革，构建以新能源为主体的新型电力系统。

深化加快建设新型电力系统的举措。《国务院关于印发 2030 年前碳达峰行动方案的通知》指出，构建新能源占比逐渐提高的新型电力系统，推动清洁电力资源大范围优化配置。大力提升电力系统综合调节能力，加快灵活调节电源建设，引导自备电厂、传统高载能工业负荷、工商业可中断负荷、电动汽车充电网络、虚拟电厂等参与系统调节，建设坚强智能电网，提升电网安全保障水平。积极发展“新能源＋储能”、源网荷储一体化和多能互补，支持分布式新能源合理配置储能系统。制定新一轮抽水蓄能电站中长期发展规划，完善促进抽水蓄能发展的政策机制。加快新型储能示范推广应用。深化电力体制改革，加快构建全国统一电力市场体系。到 2025 年，新型储能装机容量达到 3000 万 kW 以上。到 2030 年，抽水蓄能电站装机容量达到 1.2 亿 kW 左右，省级电网基本具备 5%以上的尖峰负荷响应能力。

(3) 可再生能源电力消纳保障机制。2021 年 5 月，国家发展改革委、国家能源局发布《关于 2021 年可再生能源电力消纳责任权重及有关事项的通知》，明确了2021年可再生能源电力消纳责任权重和2022年预期目标，以及可再生能源电力消纳保障机制有关事项。该通知指出，从2021年起，每年初滚动发布各省权重，同时印发当年和次年消纳责任权重，当年权重为约束性指标，各省按此进行考核评估，次年权重为预期性指标，各省按此开展项目储备；各省在确保完成2025年消纳责任权重预期目标的前提下，由于当地水电、核电集中投产影响消纳空间或其他客观原因，当年未完成消纳责任权重的，可以将未完成的消纳责任权重累计到下一年度一并完成；各省可以根据各自经济发展需要、资源禀赋和消纳能力等，相互协商采取灵活有效的方式，共同完成消纳责任权重；对超额完成激励性权重的，在能源双控考核时按国家有关政策给予激励。根据该通知，南方五省（区）2021年可再生能源电力消纳责任权重和2022年预期目标分别如表1-1和表1-2所示。

表1-1　2021年南方五省（区）可再生能源电力消纳责任权重

省（自治区）	总量消纳责任权重（%）		非水电消纳责任权重（%）	
	最低值	激励值	最低值	激励值
广东	29.0	32.2	5.0	5.5
广西	43.0	47.7	10.0	11.0
云南	75.0	83.0	15.0	16.5
贵州	35.5	39.4	8.5	9.4
海南	16.0	17.7	8.0	8.8

表1-2　2022年南方五省（区）可再生能源电力消纳责任权重预期目标

省（自治区）	总量消纳责任权重最低预期值（%）	非水电消纳责任权重最低预期值（%）
广东	31.09	6.25
广西	47.92	11.25
云南	70.00	16.25
贵州	36.00	9.75
海南	16.65	9.25

（4）促进新时代新能源高质量发展政策。2022年5月，国家发展改革委、国家能源局发布《关于促进新时代新能源高质量发展实施方案的通知》，

提出了 7 个方面 21 项促进新时代新能源高质量发展的政策举措。一是创新新能源开发利用模式，加快推进以沙漠、戈壁、荒漠地区为重点的大型风电光伏基地建设，促进新能源开发利用与乡村振兴融合发展，推动新能源在工业和建筑领域应用，引导全社会消费新能源等绿色电力。二是加快构建适应新能源占比逐渐提高的新型电力系统，全面提升电力系统调节能力和灵活性，着力提高配电网接纳分布式新能源的能力，稳妥推进新能源参与电力市场交易，完善可再生能源电力消纳责任权重制度。三是深化新能源领域“放管服”改革，持续提高项目审批效率，优化新能源项目接网流程，健全新能源相关公共服务体系。四是支持引导新能源产业健康有序发展，推进科技创新与产业升级，保障产业链供应链安全，提高新能源产业国际化水平。五是保障新能源发展合理空间需求，完善新能源项目用地管制规则，提高国土空间资源利用效率。六是充分发挥新能源的生态环境保护效益，科学评价新能源项目生态环境影响和效益，支持在石漠化、荒漠化土地以及采煤沉陷区等矿区开展具有生态环境保护和修复效益的新能源项目，促进农村清洁取暖、农业清洁生产，助力农村人居环境整治提升。七是完善支持新能源发展的财政金融政策，优化财政资金使用，完善金融相关支持措施，丰富绿色金融产品服务。

（5）新能源上网电价。2021 年 6 月，国家发展改革委发布《关于 2021 年新能源上网电价政策有关事项的通知》，明确了 2021 年光伏发电、风电等新能源上网电价政策。2021 年起，对新备案集中式光伏电站、工商业分布式光伏和新核准陆上风电项目发电（以下简称“新建项目”），中央财政不再补贴；2021 年新建项目上网电价按当地燃煤发电基准价执行，可自愿通过参与市场化交易形成上网电价；2021 年起，新核准（备案）海上风电项目、光热发电项目上网电价由当地省级价格主管部门制定，具备条件的可通过竞争性配置方式形成，上网电价高于当地燃煤发电基准价的，基准价以内的部分由电网企业结算；鼓励各地出台针对性扶持政策，支持光伏发电、陆上风电、海上风电、光热发电等新能源产业持续健康发展。

（6）风电和光伏发电开发建设。2021 年 5 月，国家能源局发布《关于 2021 年风电、光伏发电开发建设有关事项的通知》，明确了 2021 年风电、光伏发电开发建设政策要求。发展目标方面，2021 年，全国风电、光伏发电发电量占全社会用电量的比重达到 11%左右，后续逐年提高，确保 2025 年非化石能源消费占一次能源消费的比重达到 20%左右。举措方面，一是强化可再生能源电力消纳责任权重引导机制，引导各省级能源主管部门依据本区域非水电可再生能源电力消纳责任权重和新能源合理利用率目标，积极推动本省（区、市）风电、光伏发电项目建设和跨省区电力交易，确定本省（区、市）完成非水电可再生能源电力最低消纳责任权重所必需的年度新增风电、光伏发电项目并网规模和新增核准（备案）规模。二是建立保障性并网、市场化并网等并网多元保障机制，各省（区、市）完成年度非水电最低消纳责任权重所必需的新增并网项目，由电网企业实行保障性并网，2021 年保障性并网规模不低于 9000 万 kW；保障性并网规模可省际置换；对于保障性并网范围以外仍有意愿并网的项目，可通过自建、合建共享或购买服务等市场化方式落实并网条件（主要包括配套新增的抽水蓄能、储热型光热发电、火电调峰、新型储能、可调节负荷等灵活调节能力）后，由电网企业予以并网。三是加快推进存量项目建设，2020 年底前已核准且在核准有效期内的风电项目、2019 年和 2020 年平价风电光伏项目、以及竞价光伏项目直接纳入各省（区、市）保障性并网项目范围；各省 2021 年保障性并网规模主要用于安排存量项目。四是稳步推进户用光伏发电建设，2021 年户用光伏发电项目的国家财政补贴预算额度为 5 亿元，度电补贴额度按照国务院价格主管部门发布的 2021 年相关政策执行；在确保安全的前提下，鼓励有条件的户用光伏项目配备储能；户用光伏发电项目由电网企业保障并网消纳。五是抓紧推进项目储备和建设。

（7）整县光伏试点。2021 年 7 月，国家能源局印发《关于报送整县（市、区）屋顶分布式光伏开发试点方案的通知》，组织开展整县（市、区）推进屋顶分布式光伏开发试点工作，并明确申报开展整县（市、区）推进屋

顶分布式光伏开发试点的县（市、区）各类屋顶安装光伏发电的比例应满足党政机关建筑不低于 50%，学校、医院、村委会等公共建筑不低于 40%，工商业厂房不低于 30%，农村居民建筑不低于 20%。9 月，国家能源局印发《关于公布整县（市、区）屋顶分布式光伏开发试点名单的通知》，各省（自治区、直辖市）及新疆生产建设兵团报送的试点县（市、区）共 676 个全部列为整县（市、区）屋顶分布式光伏开发试点，其中南方五省（区）105 个，占比 15.5%。此外，该通知要求试点工作要严格落实“自愿不强制、试点不审批、到位不越位、竞争不垄断、工作不暂停”的工作要求，对 2023 年底前各类屋顶安装光伏发电比例均达到要求的试点地区，将列为整县（市、区）屋顶分布式光伏开发示范县。南方五省（区）整县（市、区）屋顶分布光伏开发试点名单如表 1-3 所示。

表 1-3　南方五省（区）整县（市、区）屋顶分布式光伏开发试点名单

省（自治区）	试点地区
广东（32 个）	潮安区、东莞市（大朗镇、桥头镇、谢岗镇、洪梅镇）、从化区、广州市（黄埔、开发区）、龙川县、东源县、惠阳区、惠州仲恺高新技术产业开发区、新会区、揭东区、高州市、化州市、平远县、梅江区、蕉岭县、清新区、清城区、濠江区、武江区、始兴县、南雄市、龙岗区、罗定市、雷州市、遂溪县、怀集县、高要区、肇庆高新技术产业开发区、封开县、广宁县、中山市（三角镇、南头镇、古镇镇、火炬开发区）、斗门区
广西（22 个）	横州市、兴宁区、鹿寨县、柳城县、永福县、藤县、铁山港区、钦南区、灵山县、平南县、港北区、港南区、北流市、福绵区、平果市、田东县、右江区、东兰县、武宣县、江州区、扶绥县、天等县
海南（10 个）	崖州区、天涯区、万宁市、东方市、澄迈县、定安县、屯昌县、临高县、琼中黎族苗族自治县、乐东黎族自治县
贵州（13 个）	开阳县、播州区、关岭县、镇宁县、盘州市、钟山区、镇远县、长顺县、兴义市、望谟县、威宁县、黔西市、松桃县
云南（28 个）	宜良县、富民县、石林县、曲靖经济技术开发区、沾益区、麒麟区、楚雄市、禄丰市、双柏县、鹤庆县、祥云县、弥渡县、文山市、砚山县、丘北县、建水县、蒙自市、河口县、隆阳区、施甸县、泸水市、红塔区、昭阳区、华坪县、镇沅县、耿马县、芒市、景洪市

(8) 储能发展政策。2021 年 7 月，国家发展改革委、国家能源局发布

《关于加快推动新型储能发展的指导意见》（以下简称《指导意见》），提出到2025年，实现新型储能从商业化初期向规模化发展转变，装机规模达3000万kW以上；到2030年，实现新型储能全面市场化发展。《指导意见》还提出了强化规划引导、鼓励储能多元发展，推动技术进步、壮大储能产业体系，完善政策机制、营造健康市场环境，规范行业管理、提升建设运行水平，加强组织领导、强化监督保障工作等5个方面19条指导意见。9月，国家能源局发布《新型储能项目管理规范（暂行）》，从规划布局、备案要求、项目建设、并网接入、调度运行、监测监督等环节，明确了新型储能项目的规范管理要求。2022年3月，国家发展改革委、国家能源局发布《“十四五”新型储能发展实施方案》，从强化技术攻关、构建新型储能创新体系，积极试点示范、稳妥推进新型储能产业化进程，推动规模化发展、支撑构建新型电力系统，完善体制机制、加快新型储能市场化步伐，做好政策保障、健全新型储能管理体系，推进国际合作、提升新型储能竞争优势等6个方面，提出推动新型储能规模化、产业化、市场化发展的17条重点举措。

（9）电力源网荷储一体化和多能互补发展。2021年2月，国家发展改革委、国家能源局印发《关于推进电力源网荷储一体化和多能互补发展的指导意见》，明确了推进电力源网荷储一体化和多能互补发展的指导思想、基本原则、实施路径、实施要求和政策措施等。其中，源网荷储一体化实施路径为通过优化整合本地电源侧、电网侧、负荷侧资源，以先进技术突破和体制机制创新为支撑，探索构建源网荷储高度融合的新型电力系统发展路径，主要包括区域（省）级、市（县）级、园区（居民区）级“源网荷储一体化”等具体模式；多能互补实施路径为利用存量常规电源，合理配置储能，统筹各类电源规划、设计、建设、运营，优先发展新能源，积极实施存量“风光水火储一体化”提升，稳妥推进增量“风光水（储）一体化”，探索增量“风光储一体化”，严控增量“风光火（储）一体化”。

2021年4月，国家能源局印发《关于报送“十四五”电力源网荷储一体化和多能互补工作方案的通知》，明确源网荷储一体化发展应提出充分发

挥负荷侧调节响应能力、加强源网荷储多向互动的具体举措，实施后每年不低于 2 亿 kWh 新能源电量消纳能力且新能源电量消纳占比不低于整体电量 50%的项目应列为发展重点；电力多能互补发展应提出充分发挥电源侧灵活调节作用或合理配置储能的具体举措，实施后每年不低于 20 亿 kWh 新能源电量消纳能力的项目应列为发展重点。

2021 年 11 月，国家能源局印发《关于推进 2021 年度电力源网荷储一体化和多能互补发展工作的通知》，提出了严守“一体化”项目要求底线、突出“一体化”项目阶段特点、把握“一体化”项目推进节奏等 3 个方面的要求。对电力源网荷储一体化项目应充分挖掘和释放生产侧、消费侧调节潜力，重点通过引导用户的积极性，最大化调动（或发挥）负荷侧调节响应能力，加强源网荷储多向互动；可通过组织虚拟电厂等一体化聚合模式参与电网运行和市场交易，力求物理界面与调控关系清晰，划出与大电网的物理分界面。对电力多能互补项目，应强化电源侧灵活调节作用，在不降低存量电源参与系统调节能力的前提下，重点通过挖掘配套电源的调峰潜力，激发存量电源调节积极性与潜力，优化配置增量调节性电源或储能，进而实现各类电源互济互补；应就近打捆，项目布局宜相对集中，与电力系统的连接方式简单清晰，以此充分发挥规模化开发优势、有效衔接各类电源建设进度、实现各类电源出力特性内部互补。

1.2　南方五省（区）政府有关政策

(1) 南方区域电力并网运行及辅助服务管理政策。2022 年 6 月，国家能源局南方能源监管局印发了《南方区域电力并网运行管理实施细则》《南方区域电力辅助服务管理实施细则》及配套专项实施细则（以下简称“南方区域‘两个细则’”）。本次南方区域“两个细则”的修订主要体现在 4 个方面：

一是扩大电力并网运行新主体。新版南方区域“两个细则”新增了对新能源、新型储能、负荷侧并网主体等涉网安全管理、技术指导及管理要求。新增了电化学、压缩空气、飞轮储能等新型储能，直接与电力调度机构签订并网调度协议的直控型可调节负荷等负荷侧并网主体，以及自备电厂、抽水蓄能电站、更为广泛的地调调管主体，充分挖掘供需两侧的灵活调节能力，更加适应新型电力系统需求，促进能源低碳转型，推动落实碳达峰、碳中和目标。

二是丰富电力辅助服务新品种。新版南方区域“两个细则”为适应高比例新能源、高比例电力电子设备接入系统的安全保障和系统调节需要，平抑新能源间隙性、波动性对电力系统运行带来的扰动影响，提高系统频率、电压支撑，新增了增加稳定切机、稳定切负荷、转动惯量、调相、爬坡等电力辅助服务品种，激发并网主体提供电力辅助服务的积极性，进一步促进新能源消纳，提升电力系统可靠性和电能质量，更好地保障电力系统安全稳定与推动绿色低碳发展。

三是建立健全电力用户参与辅助服务分担共享等新机制。新版南方区域“两个细则”进一步完善辅助服务补偿分摊机制，建立健全电力用户参与的分担共享机制。原则上，为电力系统运行整体服务的电力辅助服务，补偿费用由发电企业、市场化电力用户等所有并网主体共同分摊；为特定并网主体或电力用户服务的电力辅助服务，补偿费用由相关并网主体或电力用户分摊。将以往仅可向下调节的用户可中断负荷，拓展到“能上能下”的用户可调节负荷（含聚合商、虚拟电厂等聚合形式），允许电力用户或聚合平台综合考虑用户侧负荷特性和用户储能装置、分布式电源布局，承担必要的辅助服务费用或按照贡献分享相应的经济补偿收益，通过灵活机制提升需求侧调节能力。电力辅助服务费用的分担共享新机制，是对原有电力系统生产运行成本疏导方式的结构调整，更加细化精准，更有利于调动各方积极性和降低系统运行总成本。此外，南方区域“两个细则”重新划分基本辅助服务和有偿辅助服务，完善跨省跨区配套机组补偿和分摊机制。

四是落实加强信息披露报送和监督管理等新要求。新版南方区域“两个

细则”进一步细化信息披露与报送、监督管理制度。首先明确了电力调度机构和电力交易机构作为信息披露主体的职责，明确了披露原则、内容和时限等要求；明确了电力调度机构开展并网运行和辅助服务管理过程中的报送要求。此外，新规创新监管方式，全面提升监管力度，建立常态化分级监督管理机制、不定期开展专项督查和重点监管、建立电力并网运行协调机制、考核补偿条款动态调整机制等，为南方区域“两个细则”落地提供有效监管环境。

（2）南方五省区峰谷分时电价政策。2021 年 8 月，广东发布《关于进一步完善我省峰谷分时电价政策有关问题的通知》明确峰谷分时电价政策实施范围维持不变，即包括大工业用户、普通工业专用变压器用户，居民用户可自主选择是否执行峰谷分时电价政策。全省统一划分峰谷分时电价时段，高峰时段为 10：00—12：00、14：00—19：00；低谷时段为 0：00—8：00；其余时段为平段。通知还将峰平谷比价从现行的 1.65：1：0.5 调整为 1.7：1：0.38，尖峰电价在上述峰谷分时电价的峰段电价基础上上浮 25%。按照新规定，广东尖峰低谷最大峰谷电价差将达到 1.173 5 元/kWh，高峰低谷价差达到 0.887 7 元/kWh。深圳印发《关于进一步完善我市峰谷分时电价政策有关问题的通知》。提出完善现行峰谷分时电价政策以及实施尖峰电价政策方案，并要求维持现行各类工商业及其他用户各电压等级现行峰谷比价不变，居民用电峰谷比价调整为 1.7：1：0.38。尖峰电价在峰谷分时电价的峰段电价基础上上浮 25%。

2021 年 5 月，广西发布《广西壮族自治区峰谷分时电价方案（试行）》，开始试行峰谷分时电价。根据方案，实施范围包括广西供电区域内除铁路、航运、石油加压站、自来水生产等公共服务性用电外，用电电压等级为 10kV 及以上的两部制工商业及其他用电用户。峰平谷时段各 8 小时，高峰时段为 9：00—12：00、18：00—23：00，平段为 7：00—9：00、12：00—18：00，低谷时段为 00：00—7：00、23：00—24：00；电度电价（不含政府性基金及附加）执行峰谷浮动价格，峰谷时段电价浮动比例为高峰时段电价在基础电价上上浮21%，低谷时段电价在基础电价上下浮21%。鼓励参与市场交易的用户与发电企业签订具有峰谷特性的电能量交易合同，分时段约定电量电价。2021年11月，发布《广西壮族自治区发展和改革委员会关于完善我区峰谷分时电价机制有关事项的通知》。该通知指出，峰平谷比价从现行的1.21∶1∶0.79调整为1.5∶1∶0.5。尖峰电价在峰段电价基础上上浮20%。电网企业要对峰谷分时电价收入情况单独归集、单独反映，产生的盈亏在下一监管周期电网输配电价核定时统筹考虑。

2021年11月，云南发布《关于进一步完善分时电价政策的通知（征求意见稿）》，征求意见稿明确实施范围包括所有大工业用户（电气化铁路牵引用电除外）和用电容量在100kVA以上的一般工商业用户，提出分时电价峰谷价差维持现行1.5∶1∶0.5，其中，电网企业代理购电的用户，以电网企业代理购电价格为基准，峰时段电价在平时段基础上上浮50%，谷时段在平时段电价下浮50%；市场交易电量以当月电能量交易价格为基准，峰时段电价上浮50%，谷时段电价下浮50%；政府性基金及附加、基本电费不参与浮动。每年1、5、11、12月的每天10∶30—11∶30、18∶00—19∶00时共2个小时执行尖峰电价，电价水平在本月峰时段电价基础上再上浮20%。尖峰电价执行范围与峰谷分时电价执行范围一致。

2021年8月，贵州发布《关于试行峰谷分时电价有关事项的通知》。明确峰谷分时电价试行范围为贵州省受电变压器总容量在315kVA及以上的工业生产用电，以及电动汽车集中式充换电设施、电储能用电；峰时段为9∶00—12∶00、16∶00—21∶00，平时段为7∶00—9∶00、12∶00—16∶00、21∶00—23∶00，谷时段为00∶00—7∶00、23∶00—24∶00；平段电价按现行销售目录电价执行，峰段电价以平段电价为基础上浮50%、谷段电价以平段电价为基础下浮50%，政府性基金及附加、基本电费不参与浮动；到2025年12月31日前，将免收电动汽车集中式充换电设施基本电费。

2021年12月，海南印发《关于进一步完善峰谷分时电价机制有关问题的通知》。提出扩大峰谷分时电价的实施范围、拉大峰谷价差、取消峰期计

划电量政策等 8 个方面措施。峰谷分时电价执行范围由原来的用电容量 100kVA 及以上工业用户、用电容量在 315kVA 及以上的宾馆酒店用户、315kVA 及以上的商场用户（自主选择），增加 315kVA 及以上未执行峰谷电价的商业用户，水产养殖、水产初加工、水产冷链仓储类用户，5G 基站用户自主选择执行峰谷分时电价政策。通知还要求峰时段电价在平时段电价基础上由上浮 65％调整至上浮 70％，谷时段电价在平时段电价基础上由下浮 50％调整至下浮 60％。建立尖峰电价机制，尖峰电价执行时间为每年的 5～7 月，尖峰时段为每日 20：00—22：00，尖峰电价在峰段电价基础上上浮 20％。尖峰电价实施范围与峰谷分时电价政策一致，包括电动汽车充换电用户。南方五省区峰谷电价比值见表 1 - 4。

表 1 - 4　　南方五省区峰谷电价比值

序号	省区	峰段电价比值	谷段电价比值	平时段电价比值	尖峰电价比值
1	广东	1.7	0.38	1	2.125
2	广西	1.5	0.5	1	1.875
3	云南	1.5	0.5	1	1.8
4	贵州	1.5	0.5	1	—
5	海南	1.7	0.4	1	2.04

注： 政府性基金及附加不参与浮动。

(3) 广东海上风电发展政策。2021 年 6 月，广东省印发《促进海上风电有序开发和相关产业可持续发展的实施方案》，提出 2021 年底全省海上风电累计建成投产装机容量达到 400 万 kW、2025 年底力争达到 1800 万 kW 的海上风电发展目标，以及到 2025 年全省海上风电整机制造年产能达到 900 台（套），基本建成集装备研发制造、工程设计、施工安装、运营维护于一体的具有国际竞争力的风电全产业链体系的产业发展目标。同时，该实施方案提出对无法享受国家补贴的省管海域项目予以适当财政补贴，补贴范围为 2018 年底前已完成核准、在 2022 年至 2024 年全容量并网的省管海域项目（对 2025 年起并网的项目不再补贴），补贴标准为 2022 年至 2024 年全容量并网项目每千瓦分别补贴 1500、1000、500 元。

（4）广东可再生能源电力消纳政策。2021 年 3 月，广东省发改委印发《广东省发展改革委关于我省可再生能源电力消纳保障的实施方案（试行）》的通知，要求省能源局按照国家明确的消纳责任权重，对广东省范围内承担消纳责任的各市场主体，明确最低可再生能源电力消纳责任权重，并按责任权重对市场主体完成情况进行考核，对未完成消纳责任权重的市场主体进行督促落实，并依法依规予以处理。

（5）广东天然气上网电价政策。2021 年 6 月，广东省发改委发布《关于天然气发电机组超限定小时数上网电价问题的通知》，要求 2021 年 6 月 1 日起，暂停执行广东省发改委《关于调整我省天然气发电上网电价的通知》中各类型机组超过限定年利用小时数的上网电价统一为每千瓦时 0.463 元的规定，即各类机组的电量均执行限定年利用小时数内的天然气发电上网电价。

（6）广西可再生能源消纳政策。2020 年 11 月，广西发改委、工信厅和国家能源局南方监管局联合印发《广西壮族自治区可再生能源电力消纳保障实施方案（试行）》，明确了广西壮族自治区可再生能源电力消纳保障实施机制、消纳责任权重及分配方案、市场主体管理机制、消纳责任权重履行方式等。2020 年广西承担消纳责任的各市场主体消纳责任权重分配情况如表 1-5 所示。

表 1-5　2020 年广西承担消纳责任的各市场主体消纳责任权重分配表

序号	主体名称	总量消纳责任权重（%）	非水电消纳责任权重（%）
一	全区	39.5	7.0
二	承担消纳责任的第一类市场主体		
1	广西电网有限责任公司	42.9	8.6
2	广西新电力投资集团有限公司	57.3	6.7
3	广西桂东电力股份有限公司	68.5	10.4
4	贺州市桂源水利电业有限公司	62.1	5.8
5	广西百色电力有限公司	66.8	5.3

续表

序号	主体名称	总量消纳责任权重（%）	非水电消纳责任权重（%）
三	承担消纳责任的拥有燃煤自备电厂企业及其他企业		
1	广西信发铝电有限公司	2.0	0.5
2	华磊新材料有限公司	2.0	0.5
3	广西金桂浆纸业有限公司	2.0	0.5
4	百矿集团煤电铝一体化项目（广西百矿铝业有限公司）	2.0	0.5
5	广西德保百矿铝业有限公司	2.0	0.5
6	广西田东锦盛化工有公司	2.0	0.5
7	百色新铝电力有限公司	2.0	0.5
8	广西广投桂中工业电网有限责任公司	2.0	0.5
9	贺州市平桂电力有限公司	60.7	6.1

（7）云南高可靠性供电费政策。2021 年 2 月，云南省发改委印发《关于进一步明确高可靠性供电费有关事项的通知》，明确 2021 年继续执行《云南省物价局关于降低高可靠性供电费有关事项的通知》高可靠性供电费用标准。电网企业要贯彻落实国家和省级价格主管部门的有关规定，以备供线路所供电的变压器容量（含用电设备）作为计费单位，其中任何一回供电线路的容量取值最高不超过用户变压器（含用电设备）额定总容量。

（8）云南增量配电网管理政策。2021 年 7 月，云南省发改委向各州（市）发改委、云南电网和各增量配电网企业下发《关于进一步规范增量配电网配电价格管理有关事项的通知》指出，增量配电网企业配电价格继续执行过渡期配电价格，过渡期为自配电项目正式供电起两年，遇国家发改委调整输配电价标准，相应各电压等级之间的输配电价差值水平变化时，增量配电网配电价格最高限价标准相应调整。

（9）云南电力市场相关政策。2021 年 10 月，云南省发改委发布《关于加快推进燃煤发电上网电价市场化改革的通知》提出，自 2021 年 10 月 15 日起，云南省燃煤发电电量全部进入电力市场，取消云南电网、保山电网和农垦电力供电范围内的工商业目录电价。

2021年12月，云南印发《云南电力中长期交易实施细则》以下简称《细则》。《细则》对电力中长期交易的市场成员、市场注册、变更与注销、交易品种和方式等8个方面内容作出规定。《细则》提出在优先安排优先发电合同输电容量的前提下，可利用剩余输电容量进行跨区跨省交易；要求通过市场化机制合理疏导各类电源发电成本，探索建立不同类型电源参与电力市场机制。

（10）贵州新能源发展政策。2021年9月，贵州省能源局发布《贵州省风电光伏发电项目管理暂行办法》以下简称《办法》，提出为满足电网安全稳定运行及调峰需要，已投产的风电、光伏发电项目应在投产一年内配套储能；新建的风电、光伏发电项目应按照"同步规划、同步设计、同步建设、同步投产"的原则配套储能；储能建设规模不应低于电网测算建议配置的规模；对自建储能困难的企业可购买同等容量的储能服务。《办法》指出，优先鼓励"风光水火储一体化"和"源网荷储一体化"风电、光伏发电项目的开发建设；鼓励农光互补、林光互补等项目融合开发建设；鼓励区域内多项目打捆联合送出，提升消纳能力；鼓励光伏开展石漠化治理、采煤沉陷区治理，充分利用各种边坡、边沟、灰场、填埋场等，充分挖掘土地利用空间；鼓励项目与风电、光伏发电、储能等配套上下游产业链相结合。

2021年9月，贵州省能源局发布《关于持续营造新能源产业高质量发展环境的通知》要求，积极构建新型电力系统，加强电力送出通道能力建设，简化接网流程、方便接网手续办理。储能配置坚持安全第一和经济可行的原则，不能在储能设施不具备条件的情况下，强制要求新能源项目配置储能或购买储能服务，不能让接网手续办理成为制约新能源项目建设投产的最后一公里。

2021年11月，贵州能源局印发《关于进一步做好分布式光伏发展工作的通知》以下简称《通知》，就整县屋顶分布式光伏开发试点的推进工作给

出相关要求。《通知》提出因地制宜，积极推进整县屋顶分布式光伏开发；采取措施，有序推进分布式光伏发展；强化安全和质量，打造精品工程；推进数字运维，提升运营效率。《通知》要求 2022 年底前，大力推进项目实施，全面完成总建设规模的 40%以上，及时总结经验和问题，以点带面进行推广。2023 年底前，加快推进项目建设，全面完成建设任务，确保整县（市、区）屋顶分布式光伏开发示范县通过国家验收。

(11) 海南集中式光伏发展政策。2021 年 3 月，海南省发改委发布《关于开展 2021 年度海南省集中式光伏发电平价上网项目工作的通知》。《通知》指出，水库、海面及海滩、河面及河滩不宜建设光伏发电项目；集中式光伏发电平价上网项目应按照农光、渔光、林光互补的模式进行建设；全省集中式光伏发电平价上网项目实施总规模控制，根据 2021 年度及“十四五”期间全省可再生能源电力消纳责任权重确定，每个申报项目规模不得超过 10 万 kW，且同步配套建设备案规模 10%的储能装置。

(12) 海南可再生能源消纳政策。2021 年 2 月，海南省发改委、国家能源局南方监管局联合印发《海南省 2021 年度可再生能源电力消纳保障实施方案》，明确承担消纳责任的市场主体分为售电企业、电力用户两类。消纳责任权重的主要履行方式为购买或自发自用可再生能源电力。补充履行方式为：①购买其他市场主体超额完成的消纳量，双方自主确定交易或转让价格。②购买可再生能源绿色电力证书，绿证对应的可再生能源电量等量记为消纳量。

(13) 海南绿色低碳发展政策。2021 年 12 月，海南发布《海南省人民政府办公厅关于加快建立健全绿色低碳循环发展经济体系的实施意见》，提出健全绿色低碳循环发展的生产体系、流通体系、消费体系，加快基础设施绿色升级等 6 个方面措施。要求推动“海南清洁能源岛”建设。严控新增煤电，积极推进光伏、风电项目开发建设，合理布局生活垃圾焚烧发电厂；鼓励储能技术在电源侧、电网侧和负荷侧的应用，提高可再生能源电力消纳能力。加强农村电网及清洁能源设施建设，科学有序推进燃气下乡“气代柴薪”，发展农村生物质能源。

1.3 南方电网公司有关政策

（1）服务碳达峰、碳中和重点举措。2021年3月，南方电网公司印发《南方电网公司服务碳达峰、碳中和工作方案》，提出5大方面21项重点举措，全面落实“四个革命、一个合作”能源安全新战略，全力服务碳达峰、碳中和目标实现。根据该工作方案，南方电网公司将大力推动供给侧能源清洁替代，以“新电气化”为抓手推动能源消费方式变革，全面建设现代化电网，带动产业链、价值链上下游加快构建清洁低碳安全高效的能源体系。到2030年，南方五省区新能源装机达到2.5亿kW，非化石能源装机占比提升至65%，非化石能源发电量占比提升至61%，电能占终端能源消费比重提升至38%以上，支撑南方五省区单位国内生产总值二氧化碳排放比2005年下降65%以上。

（2）数字电网推动构建新型电力系统白皮书。2021年4月，南方电网公司发布《数字电网推动构建以新能源为主体的新型电力系统白皮书》（以下简称白皮书）。白皮书中系统阐述了以新能源为主体的新型电力系统的背景和意义、新形势新要求以及“数字赋能、柔性开放、绿色高效”的三大显著特征。白皮书提出，南方电网公司将持续利用数字技术构建坚强主网架和柔性配网；统筹利用风电、光伏、生物质等区域分布式能源资源，因地制宜建设交直流混合配电网和智能微电网，持续加强配电网数字化和柔性化水平，提升对分布式电源的承载力。南方电网公司将依托数字电网建设，多措并举构建以新能源为主体的新型电力系统，积极服务碳达峰、碳中和战略目标实现。

（3）建设新型电力系统行动方案。2021年5月，南方电网公司印发《南方电网公司建设新型电力系统行动方案（2021—2030年）》，确立了“2030年前，基本建成新型电力系统，有力支持南方五省区及港澳地区全面

实现碳达峰；2060 年前，新型电力系统全面建成并不断发展，全面支撑南方五省区及港澳地区碳中和目标实现”的行动目标，提出了大力支持新能源接入、统筹做好电力供应、确保电网安全稳定、推动能源消费转型、完善市场机制建设、加强科技支撑能力、加快数字电网建设、增强组织保障能力等 8 大方面 24 项重点行动举措，推动建设新型电力系统工作落实落地。

第 2 章

电网发展基础

2.1 电力需求

2.1.1 用电量

用电量增速略高于全国平均水平。2021年，南方五省（区）全社会用电量14 508亿kWh，同比增长11.1%，增速同比上升6.1个百分点，高于全国水平0.8个百分点。南方五省（区）全社会用电量及增速如图2-1所示。

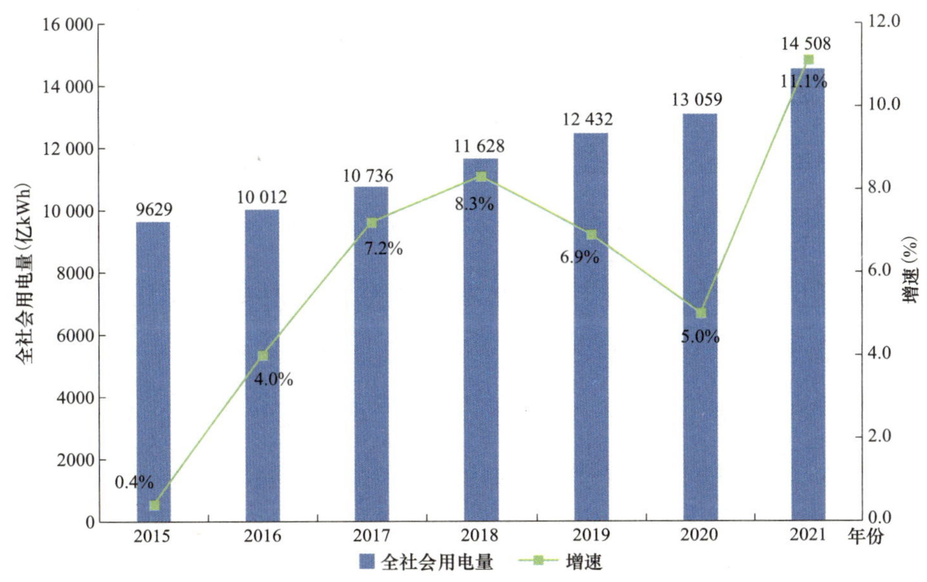

图2-1 南方五省（区）全社会用电量及增速

三次产业用电量恢复性增长，居民生活用电量增速有所放缓。2021年，南方五省（区）第一产业用电量241亿kWh，同比增长18.9%，增速同比提升9.1个百分点；第二产业用电量9017亿kWh，同比增长8.4%，增速同比提升4个百分点；第三产业用电量2746亿kWh，同比增长22%，增速同比大幅提升18.7个百分点；居民生活用电量2505亿kWh，同比增长9.6%，增速同比增长0.8个百分点。

受疫情影响减退和能源双控政策等因素影响，第三产业用电量占比回升，第二产业用电量占比回落。2021年，南方五省（区）第一产业用电量占南方五省（区）全社会用电量的1.7%，同比提高0.1个百分点；第二产业用电量占比62.1%，同比下降1.6个百分点；第三产业用电量占比18.9%，同比提升1.7个百分点；居民生活用电量占比17.3%，同比下降0.2个百分点。2021年南方五省（区）用电量结构如图2-2所示。

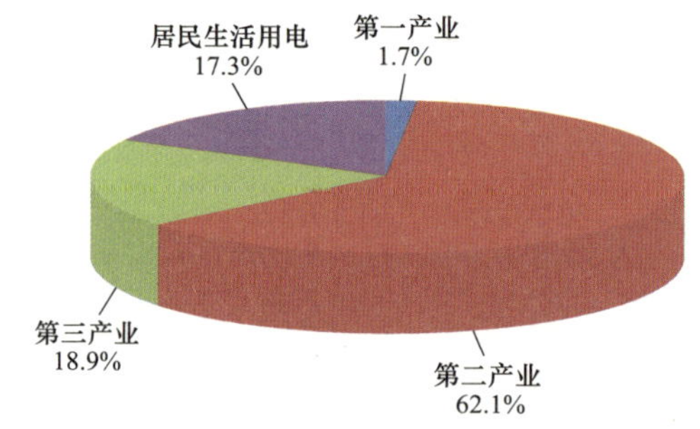

图2-2 2021年南方五省（区）用电量结构

广东、广西、贵州、海南用电量增速回升，云南受能耗双控政策影响用电量增速有所回落。2021年，广东全社会用电量7867亿kWh，同比增长13.6%，增速同比提升10.1个百分点；广西全社会用电量2238亿kWh，同比增长10.3%，增速同比提升4.1个百分点；云南全社会用电量2139亿kWh，同比增长5.6%，增速同比下降6.2个百分点；贵州全社会用电量1743亿kWh，同比增长9.9%，增速同比提升6.9个百分点；海南全社会用电量405亿kWh，同比增长11.8%，增速同比提升9.8个百分点。

广东用电量占比提升，云南用电量占比下降，广西、贵州、海南用电量占比基本持平。2021年，广东全社会用电量占南方五省（区）的54.7%，同比提高1.6个百分点；云南占比14.9%，同比下降0.6个百分点；广西占比15.6%、贵州占比12.1%、海南占比2.8%，与上年基本持平。南方五省（区）用电量分布如图2-3所示。

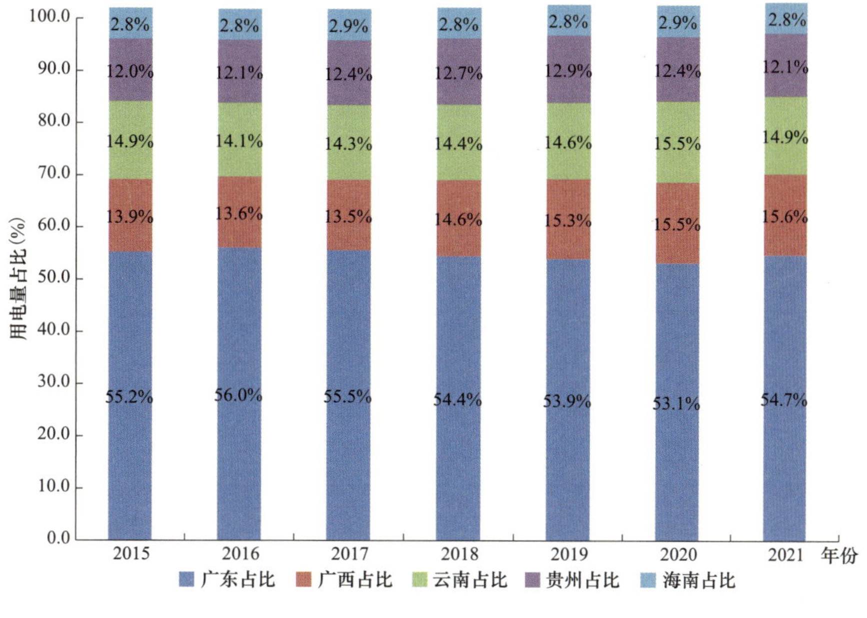

图 2-3 南方五省（区）用电量分布

2.1.2 最大负荷

南方五省（区）全社会最大负荷持续增长，海南大幅增长，广东、广西、云南、贵州稳步增长。2021 年，南方五省（区）电网全社会最大负荷达到 23 460 万 kW，同比增长 6.6%，增速同比提高 0.4 个百分点。

2021 年，广东全社会最高负荷 13 760 万 kW，同比增长 5.9%，增速同比提升 1 个百分点；广西全社会最高负荷 3830 万 kW，同比增长 8.5%，增速同比下降 1.5 个百分点；云南全社会最高负荷 3470 万 kW，同比增长 4.2%，增速同比下降 9.5 个百分点；贵州全社会最高负荷 3270 万 kW，同比增长 6.9%，增速同比下降 0.1 个百分点；海南全社会最高负荷 690 万 kW，同比增长 11.3%，增速同比增长 4.4 个百分点。从时间分布上看，广东、海南最大用电负荷出现在夏季，广西、云南、贵州最大负荷出现在冬季。2021 年南方五省（区）全社会最高用电负荷及其增速如图 2-4 所示。

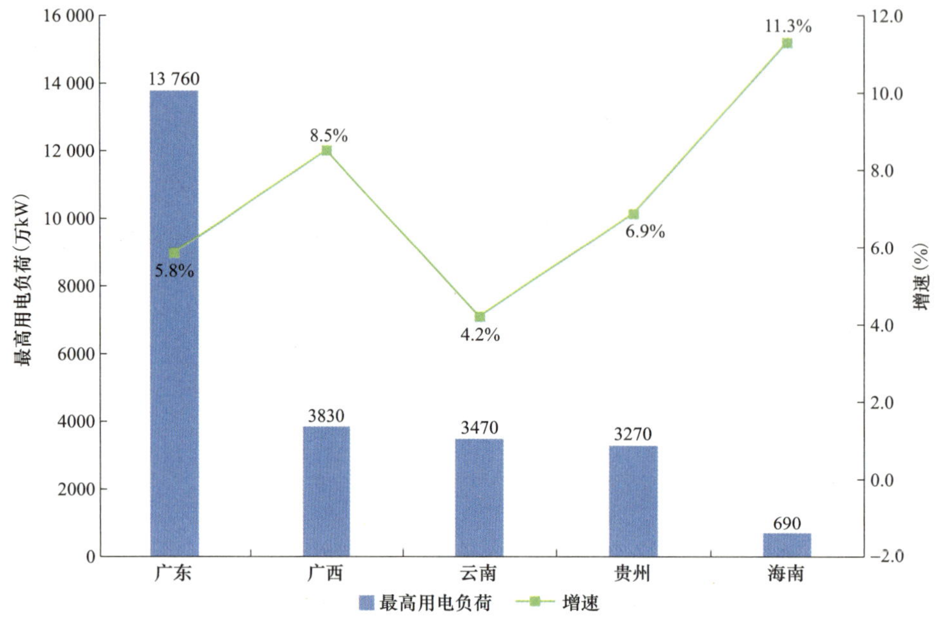

图 2-4　2021年南方五省（区）最高用电负荷及其增速

2.2　电力供应

2.2.1　总体情况

2.2.1.1　装机容量

发电装机容量稳步增长，占全国比重维持在17.1%左右。在“双碳”目标的驱动下，新能源发展提速，带动电源装机快速增长。2021年，南方五省（区）电源总装机规模达到40 618万kW，同比增长6.5%，如图2-5所示。

分省（区）来看，各省（区）发电装机容量均呈增长态势，广东发电装机容量最大且增速最快。2021年，广东发电装机容量15 821万kW，同比增速达到11.2%，增速居五省（区）第一；广西、云南、贵州、海南发电装机容量分别达到5533万kW、10 635万kW、7573万kW、1056万kW，增速分别达到6.9%、3.6%、1.3%、5.8%，如图2-6所示。

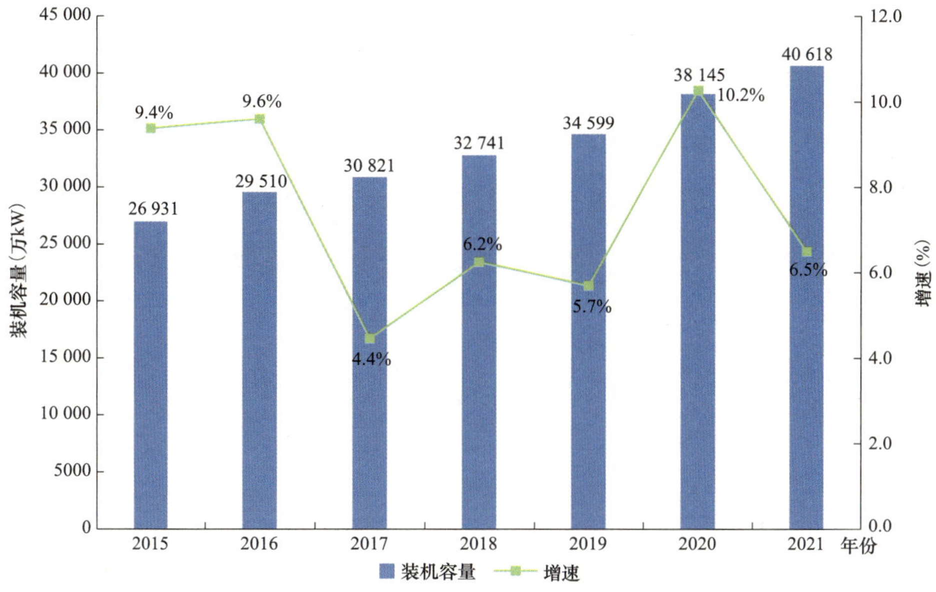

图 2-5　南方五省（区）发电装机容量及增速

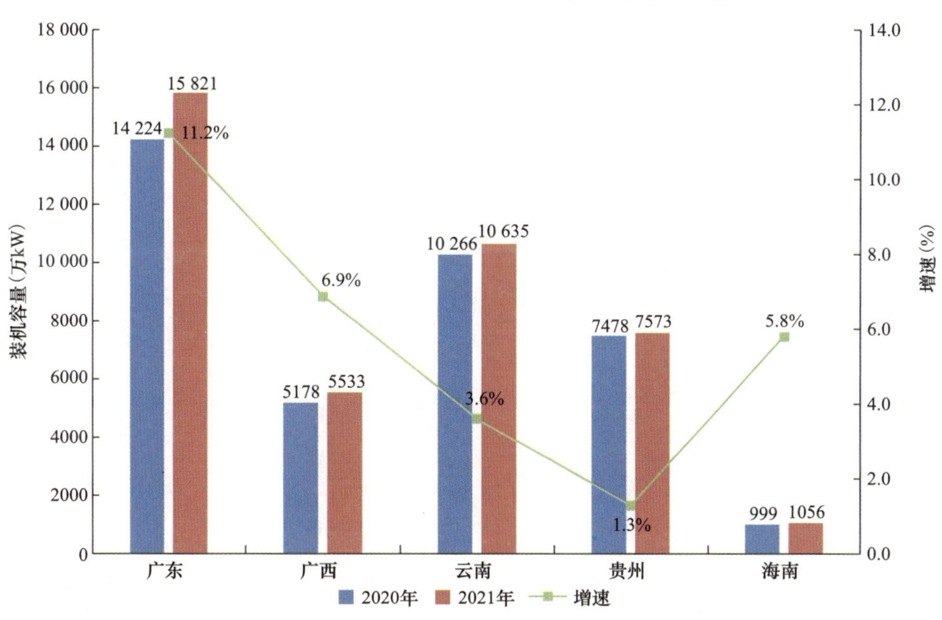

图 2-6　2020 年和 2021 年分区域发电装机容量及增速

分类型来看，南方五省（区）电源装机逐步向风光水火核等多元化供电体系发展，非化石能源装机占比高于全国平均水平。近年来，南方五省（区）加快风光等新能源发展，稳步推进核电建设，发电装机结构不断优化，清洁化水平不断提升，南方五省（区）全社会电源结构如表 2-1 所示。2021 年，南方五省（区）非化石能源发电装机规模达到 22 915 万 kW，占总装机容量的56.5%，比全国平均水平高9.5个百分点，其中水电、核电、风光占比将分别达33.9%、4.8%、15.9%。南方五省（区）各类别电源装机占比，如图2-7所示。

表2-1　　南方五省（区）全社会发电结构　　单位：万kW

项目名称	2015年	2016年	2017年	2018年	2019年	2020年	2021年
五省（区）总计	26 931	29 510	30 821	32 741	34 599	38 145	40 618
（1）水电	10 929	11 344	11 669	12 268	12 507	13 336	13 762
（2）火电	13 407	14 864	15 049	15 411	15 953	16 963	17 680
（3）核电	1003	1285	1394	1677	1961	1961	1961
（4）风电	1255	1468	1707	1842	2078	2708	3446
（5）太阳能	220	416	827	1291	1745	2590	3013
（6）生物质	117	133	177	251	355	587	757

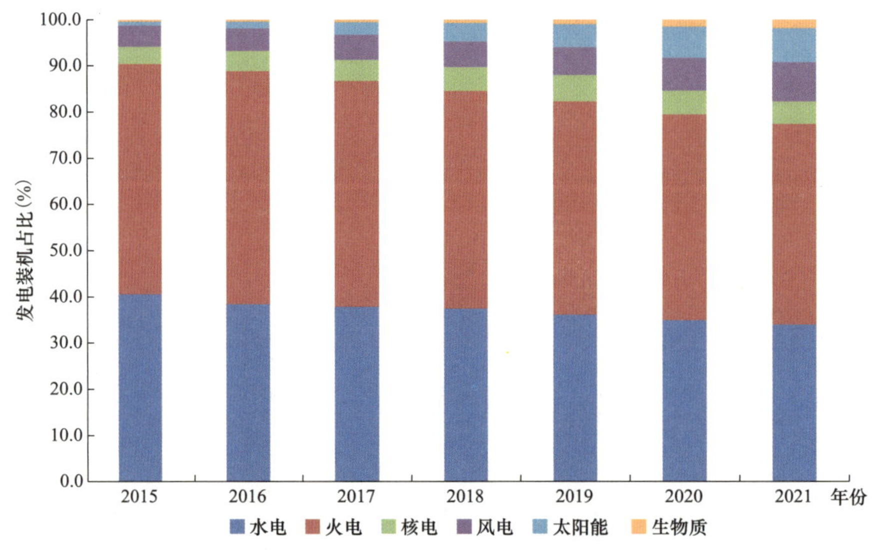

图2-7　南方五省（区）各类别电源装机占比

2.2.1.2　发电量

发电量稳步增长，增速明显回升。随着经济发展进入新常态，2018年以来南方五省（区）全社会发电量减速换挡但总体仍延续稳步增长趋势。2021年经济恢复态势向好，全社会用电量大增，南方五省（区）全社会发电量大幅回升达到14 724亿kWh，同比增长9.4%，增速同比提高5个百分点，如图2-8所示。

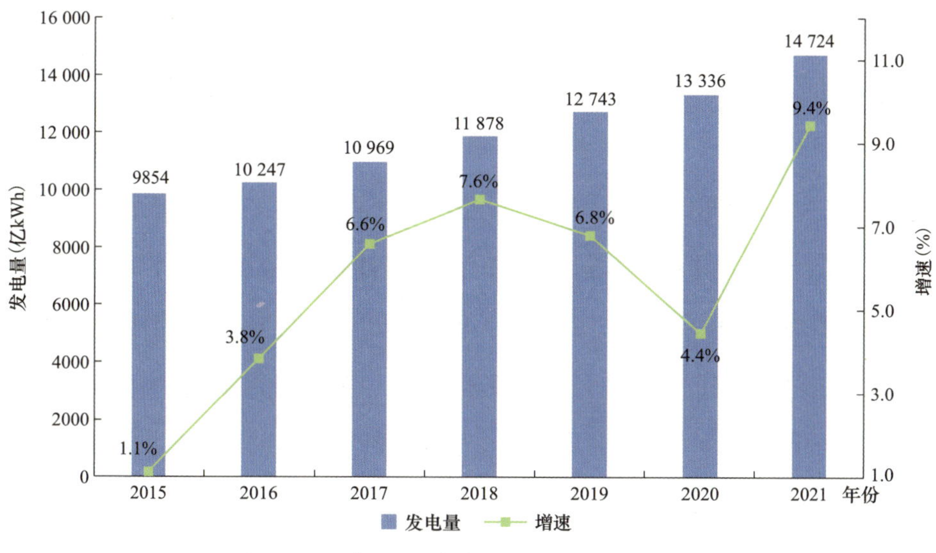

图 2-8 南方五省（区）发电量及增速

分省（区）来看，各省（区）全社会发电量均呈增长态势，广东发电量最大且增速最快。2021 年，广东发电量 6154 亿 kWh，同比增长 21.9%，占五省（区）发电量的 41.8%；广西、云南、贵州、海南发电量分别达到 2008 亿 kWh、3765 亿 kWh、2407 亿 kWh、391 亿 kWh，增速分别达到 3.6%、2.5%、3.4%和 12.3%，如图 2-9 所示。

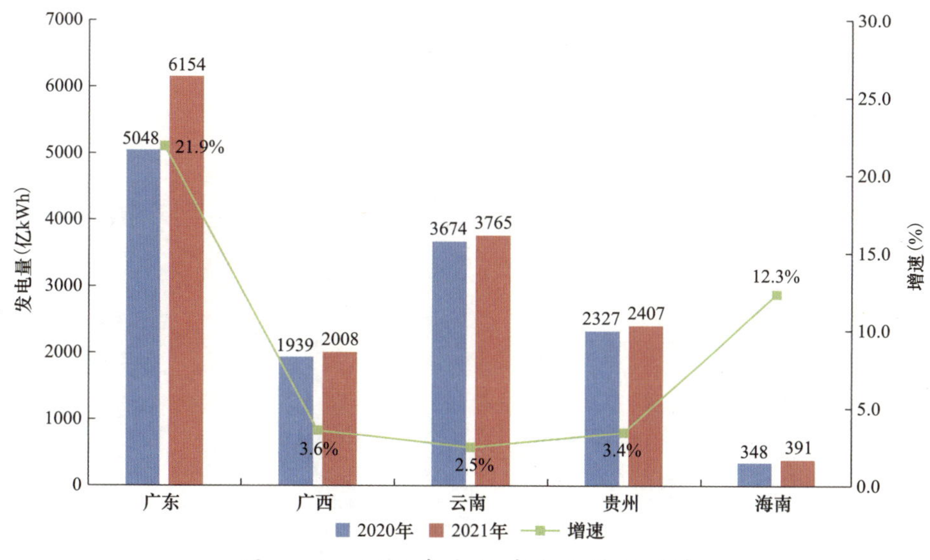

图 2-9 2021 年分区域发电量及增速

水电和火电发电量仍占主导，核电、风光发电量呈增长态势，非化石能

源发电量接近50%，处于国内领先水平。2021年，南方五省（区）水电和火电发电量达到11 988亿kWh，占总发电量的81.3%，仍占据主导地位；核电发电量稳步增长，达到1483亿kWh，占比10.1%；风光发电量快速增加，达到920亿kWh，占比6.3%，成为电力供应的重要来源。2021年，南方电网非化石能源发电量占比49.3%（含抽蓄），比全国平均水平高14.7个百分点。随着水电、核电、风光等非化石能源发电量的增加，南方五省（区）非化石能源电量占比预计将持续提高，电源清洁化水平保持国内领先水平。南方五省（区）全社会发电量结构和各类别电源发电量占比情况分别如表2-2和图2-10所示。

表2-2　　南方五省（区）全社会发电量结构　　单位：亿kWh

项目名称	2015年	2016年	2017年	2018年	2019年	2020年	2021年
五省（区）	9854	10 247	10 969	11 878	12 743	13 336	14 724
（1）水电	4064	4041	4177	4398	4633	4709	4520
（2）火电	4935	4974	5288	5717	5969	6218	7468
（3）核电	617	868	1002	1135	1374	1425	1483
（4）风电	180	272	344	399	460	562	639
（5）光伏	13	36	61	103	147	201	281
（6）生物质	45	56	97	126	160	221	333

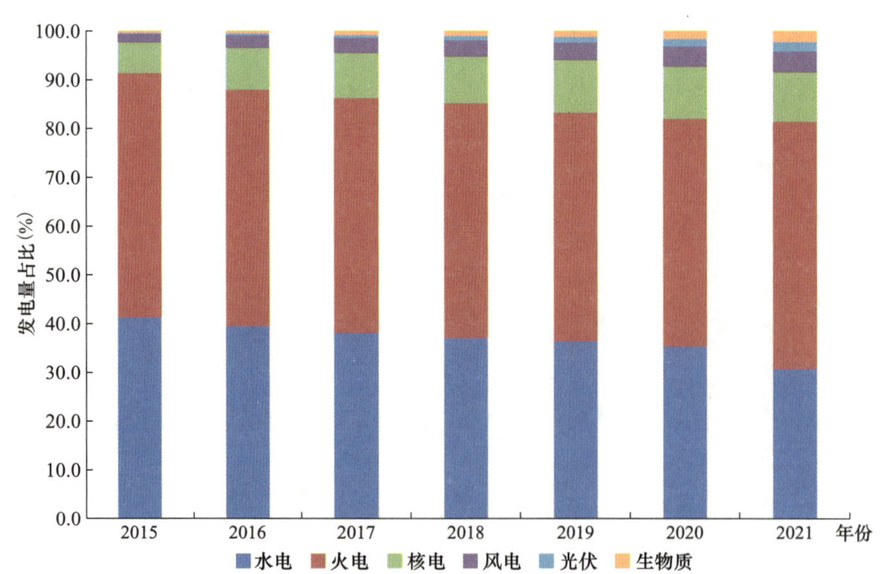

图2-10　南方五省（区）各类别电源发电量占比

2.2.2 新能源建设及运行

2.2.2.1 陆上风电

陆上风电持续发展，五省（区）中云南装机容量最大，广东新增装机容量最高。从2006年我国颁布实施了《可再生能源法》后，南方五省（区）风电开发速度明显加快，2010、2015年风电装机规模相继突破100万kW、1000万kW。截至2021年，南方五省（区）陆上风电装机达到2792.8万kW，其中广东542.4万kW、广西755.4万kW、云南885.6万kW、贵州580.5万kW、海南28.9万kW。广东同比增长17%，广西同比增长15.6%。南方五省（区）陆上风电装机如表2-3所示。

表2-3　　南方五省（区）陆上风电装机　　单位：万kW

项目名称	2015年	2016年	2017年	2018年	2019年	2020年	2021年
1. 合计	1254.8	1468.3	1706.5	1833.5	2054.3	2606.8	2792.8
(1) 广东	246.4	268.2	334.7	348.4	419.1	463.6	542.4
(2) 广西	40.4	69.6	149.8	207.7	287.0	653.2	755.4
(3) 云南	614.3	737.4	824.9	857.3	862.8	880.6	885.6
(4) 贵州	322.6	361.6	363.4	386.4	456.5	580.5	580.5
(5) 海南	31.1	31.5	33.7	33.7	28.9	28.9	28.9
2. 占五省（区）比重							
(1) 广东	19.6%	18.3%	19.6%	19.0%	20.4%	17.8%	19.4%
(2) 广西	3.2%	4.7%	8.8%	11.3%	14.0%	25.1%	27.0%
(3) 云南	49.0%	50.2%	48.3%	46.8%	42.0%	33.8%	31.7%
(4) 贵州	25.7%	24.6%	21.3%	21.1%	22.2%	22.3%	20.8%
(5) 海南	2.5%	2.1%	2.0%	1.8%	1.4%	1.1%	1.0%

陆上风电机组单机容量取得突破。风电机组的大型化可以减少占地，降低并网成本，降低单位功率造价，提高风能利用率，随着技术的不断进步，高效大功率风电机组逐渐成为陆上风电的主力机组。2020年5月，南宁市马山县水锦风电场投产广西第一台单机容量3MW风电机组，在未来一段时间，新增投产机组采用单机容量3MW风电机组将成为趋势。

低风速风电机组在南方五省（区）成功应用。低风速风机通过加大风轮直径，优化叶片的气动外形，在保持机组功率等级不变的条件下，可大幅提高机组性能。2020年12月，广西钦州市钦南区笔架山风电场首台机组并网发电，电场采用31台3MW和3台4.5MW低风速风机，总装机容量10.6万kW。

2.2.2.2　海上风电

广东海上风电发展取得突破，装机容量增长迅速。南方五省（区）海上风电资源量丰富，主要集中分布在广东沿海地区。广东海上风电起步较晚，但发展迅速。自2018年4月投产首个海上风电场（桂山海上风电）以来，又陆续投产玄武、峡阳、盈和等海上风电场，装机规模从2018年的9万kW增加到2021年的653万kW，三年时间净增装机644万kW，年均增长近220万kW，如图2-11所示。

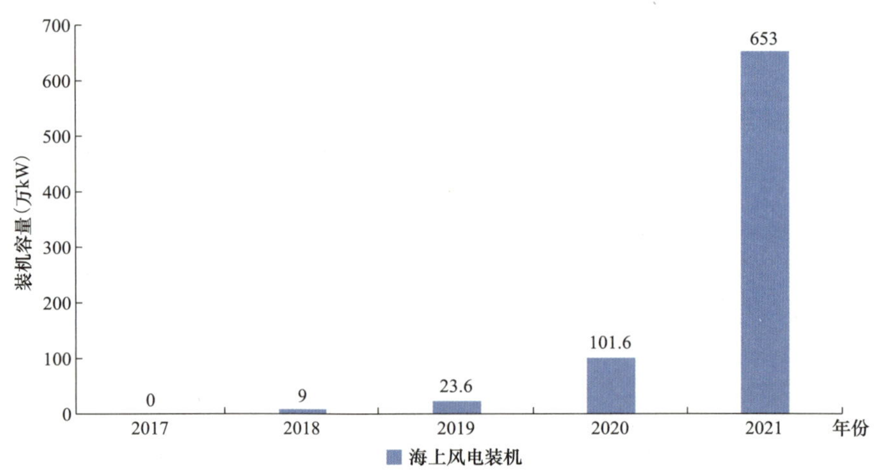

图2-11　2017年至2021年海上风电装机容量

海上大型风电机组单机容量不断增加。实现风电机组大型化，可以在提高最大输出功率的同时降低成本。2017年广东省首个海上风电项目珠海桂山海上风电场采用的是3.0MW的风电机组，2019年并网的粤电外罗海上风电项目采用的是5.5MW的风电机组，计划在2022年底并网的神泉二海上风电项目，计划是采用8.0MW的大容量风电机组，计划在2023年底并网的青洲一、二期海上风电项目，计划采用的是单机容量高达11MW的海

上风电机组。

漂浮式海上风机成功应用为远海海上风电项目的开发奠定基础。早期海上风电基础以单桩式和重力式为主，近几年远海深水区风机安装需求增多，漂浮式基础等技术随之兴起，以适应更复杂的海床条件、水深情况以及机组和环境因素。2021 年 5 月，由三峡集团和明阳集团联合自主研发制造的全球首台抗台风型浮式海上风电机组 MySE - 5.5MW 抗台风型浮式机组在广东阳江海上风电产业基地装配完成并测试下线，标志着国内首台海上漂浮式试验样机即将安装应用。应用此漂浮式风机技术的三峡阳江沙扒项目将成为首个国家级漂浮式示范项目，为我国后续大规模开发远海风电奠定坚实基础。

2.2.2.3　光伏发电

南方五省（区）光伏装机容量逐年增加。2010 年前，南方五省（区）光伏发电处于起步示范阶段，装机规模较小。2010 年后，光伏发电开始进入大规模发展阶段，截至 2021 年底已达到 3013 万 kW，同比增长 16.3%。

广东、贵州光伏发电装机均跨过 1000 万 kW 大关，在五省（区）中占比大。广东、云南、海南光伏发电开发较早，广东光伏发电装机规模一直位居前列，2021 年达到 1020 万 kW，同比增长 28%。广西、贵州光伏发电起步较晚，但发展速度较快。贵州以国家光伏扶贫政策为契机，抢抓光伏竞价项目，2020 年装机规模突破 1000 万 kW，2021 年达到 1137 万 kW。南方五省（区）光伏发电装机如表 2 - 4 所示。

表 2 - 4　　南方五省（区）光伏发电装机　　单位：万 kW

项目名称	2015 年	2016 年	2017 年	2018 年	2019 年	2020 年	2021 年
1. 合计	220	416	826	1291	1745	2590	3013
（1）广东	62	117	332	527	610	797	1020
（2）广西	12	16	78	124	135	205	312
（3）云南	117	208	238	326	350	388	397
（4）贵州	3	46	135	178	510	1057	1137
（5）海南	26	29	43	136	140	143	147

续表

项目名称	2015年	2016年	2017年	2018年	2019年	2020年	2021年
2. 占五省（区）比重							
（1）广东	28.1%	28.1%	40.2%	40.8%	35.0%	30.8%	33.9%
（2）广西	5.5%	3.8%	9.4%	9.6%	7.7%	7.9%	10.4%
（3）云南	53.4%	50.0%	28.8%	25.3%	20.1%	15.0%	13.2%
（4）贵州	1.4%	11.1%	16.3%	13.8%	29.2%	40.8%	37.7%
（5）海南	11.7%	7.0%	5.2%	10.5%	8.0%	5.5%	4.9%

光伏发电量持续增长。2021年，南方五省（区）光伏发电量281亿kWh，同比增长39.8%，增速同比提高3个百分点。南方五省（区）光伏发电量情况如表2-5所示。

表2-5　　南方五省（区）光伏发电量情况　　单位：亿kWh

项目名称	2015年	2016年	2017年	2018年	2019年	2020年	2021年
1. 合计	13.4	36.1	61.4	103.4	147.2	201.0	280.6
（1）广东	3.5	8.3	20.2	37.6	53.4	73.7	102.6
（2）广西	0.5	1.1	4.1	9.3	13.6	17.5	28.1
（3）云南	6.4	23.1	28.0	34.3	46.6	50.0	51.1
（4）贵州	0.2	1.1	5.7	15.8	19.6	45.3	82.6
（5）海南	2.9	2.6	3.4	6.4	14.0	14.6	16.1
2. 占五省（区）比重							
（1）广东	26.1%	22.9%	32.9%	36.3%	36.3%	36.6%	36.6%
（2）广西	3.4%	3.0%	6.6%	9.0%	9.2%	8.7%	10.0%
（3）云南	47.5%	64.0%	45.6%	33.2%	31.7%	24.9%	18.2%
（4）贵州	1.6%	2.9%	9.3%	15.2%	13.3%	22.6%	29.4%
（5）海南	21.4%	7.2%	5.6%	6.2%	9.5%	7.2%	5.7%

光伏发电量主要集中在广东和贵州。2021年，广东光伏发电量102.6亿kWh，同比增长39.8%；贵州光伏发电量82.6亿kWh，同比增长82.2%；广东和贵州的光伏发电量在五省（区）中的占比分别为36.5%、29.4%。广西、云南、海南光伏发电量分别为28.5亿、51.1亿、16.1亿kWh，在五省（区）中的占比分别为10.2%、18.2%、5.7%。2021年南方

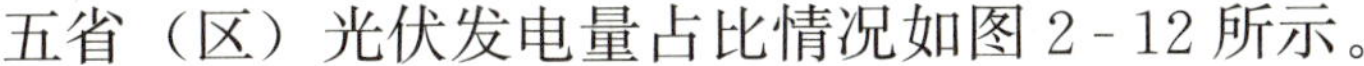
五省（区）光伏发电量占比情况如图 2-12 所示。

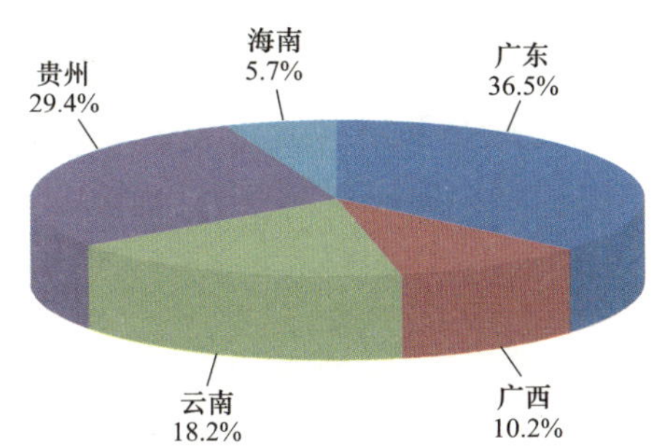

图 2-12　2021 年南方五省（区）光伏发电量占比

五省（区）光伏发电利用小时数有所增长，整体利用小时数低于全国平均水平。2021 年，南方五省（区）光伏发电利用小时数 1130 小时，较上年上升 133 小时，低于全国平均水平 33 小时。其中，海南光伏发电利用小时数 1488 小时，在五省（区）中最高，同比增加 148 小时，显著高于全国平均水平。广东和云南光伏发电利用小时数也高于全国平均水平。南方五省（区）光伏发电利用小时数与全国平均水平对比情况如图 2-13 所示。

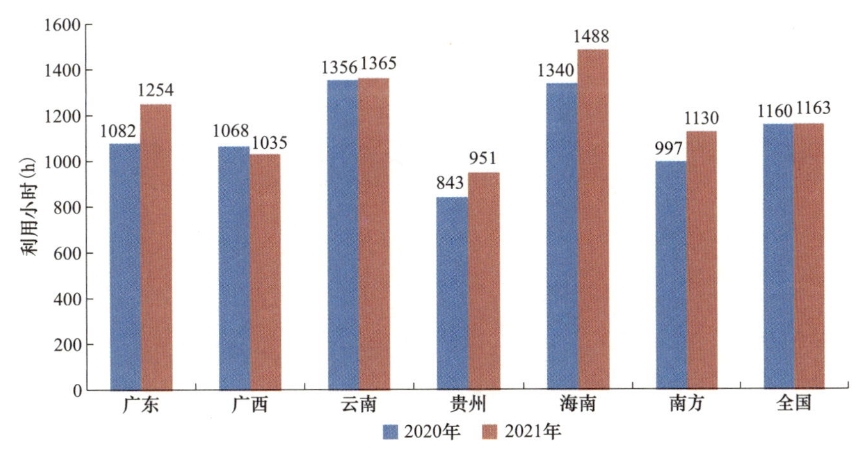

图 2-13　2020—2021 年南方五省（区）光伏发电利用小时数

新型高效光伏电池技术加快应用。新型高效光伏电池技术加快更新，大幅提升电池组件光电转换效率，带动光伏发电成本持续下降。2020 年 8 月，钦州犀牛脚镇大坪村（60MW）农光互补项目全部投产，项目采用隧穿氧化层钝化接触（Tunnel Oxide Passivated Contact，TOPCon）电池技术，光电转换效率提升到 20.55%。

光伏产业智能化成为发展新方向。充分利用物联网、云计算、大数据、智能硬件等新一代信息技术，推动光伏产业从自动化向智能化升级有利于提升光伏的发电量、降低建设与运维成本。2020 年，云南省园区屋顶分布式太阳能光发电项目入选国家首批智能光伏试点示范项目清单。该光伏电站为全数字化电站，运用大数据、云计算、创新组网、主动电网自适应等技术，实现“可信、可视、可控”。

2.2.3 水电建设及运行

2.2.3.1 常规水电

五省（区）水电装机稳步增长。2021 年底，南方五省（区）常规水电总装机容量 12 904 万 kW，比 2020 年增加 356 万 kW，同比增长 2.8%，增速同比下降 4.3 个百分点。除怒江未开发外，澜沧江、金沙江、乌江、红水河等干流梯级电站均实现了大规模开发，目前乌江已开发完毕，澜沧江、金沙江、红水河干流电站开发程度均超过 80%。南方五省（区）常规水电装机及增速情况分别如表 2-6 和图 2-14 所示。

表 2-6　南方五省（区）水电装机（不含抽蓄）　单位：万 kW

项目名称	2015 年	2016 年	2017 年	2018 年	2019 年	2020 年	2021 年
1. 合计	10 417	10 736	11 011	11 480	11 719	12 548	12 904
（1）广东	843	803	848	848	848	938	938
（2）广西	1645	1665	1669	1677	1681	1759	1767
（3）云南	5782	6088	6281	6649	6873	7480	7823
（4）贵州	2056	2089	2119	2212	2223	2281	2283
（5）海南	92	91	94	94	94	91	93
2. 占五省（区）比重							
（1）广东	8.1%	7.5%	7.7%	7.4%	7.2%	7.5%	7.3%
（2）广西	15.8%	15.5%	15.2%	14.6%	14.3%	14.0%	13.7%
（3）云南	55.5%	56.7%	57.0%	57.9%	58.6%	59.6%	60.6%
（4）贵州	19.7%	19.5%	19.2%	19.3%	19.0%	18.2%	17.7%
（5）海南	0.9%	0.8%	0.9%	0.8%	0.8%	0.7%	0.7%

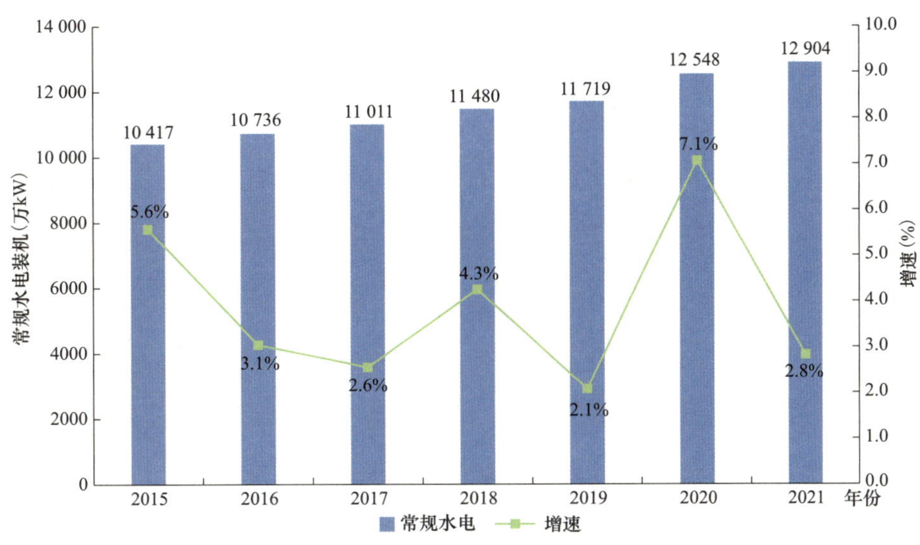

图 2-14 南方五省（区）水电（不含抽蓄）装机及增速情况

广东、广西、贵州、海南水电资源已基本开发完毕。截至 2021 年底，广东、海南常规水电容量已达到技术可开发量的峰值；贵州、广西水电开发比例分别为 97%、95%，乌江、南盘江、红水河等干流梯级水电已基本开发完毕，大藤峡电站正在建设；云南水电开发比例 65%，金沙江梯级电站除上游旭龙、奔子栏及中游龙盘、两家人电站尚未开发，澜沧江梯级电站除上游古水、下游橄榄坝、勐松电站尚未开发外，其余电站均已投运或在建，怒江受生态环保等因素影响尚未开发。五省（区）常规水电开发情况如表 2-7 和图 2-15 所示。

表 2-7　　2021 年底南方五省（区）大型流域电站开发情况　　单位：万 kW

流域	规划开发容量（含界河电站）	已投运电站容量	开发比例（%）
金沙江	7319	6157	84.1
澜沧江	2575	2123	82.4
怒江	1867	0	0.0
红水河	1445	1205	83.4
乌江	876	876	100.0
合计	14 082	10 361	73.6

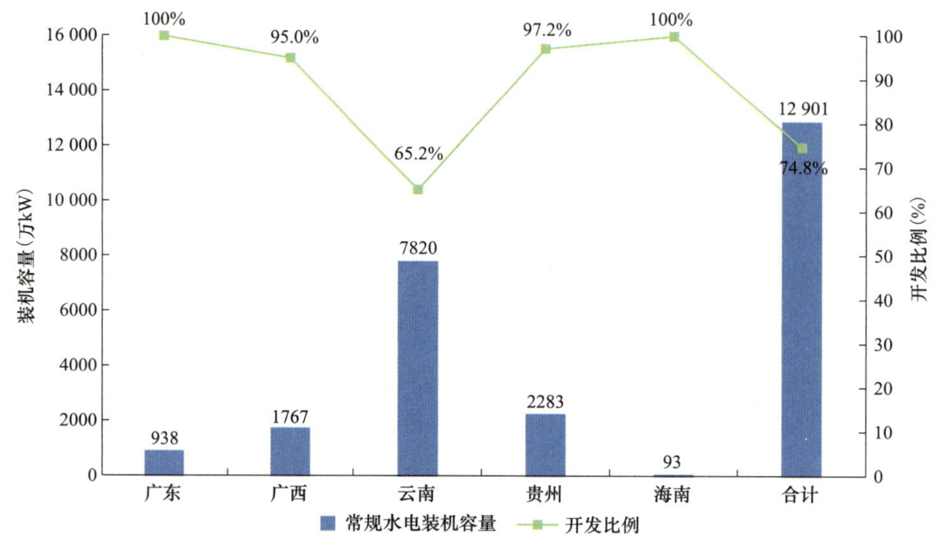

图 2-15　2021年底南方五省（区）常规水电装机容量及开发比例

受来水偏枯影响，水电发电量稳中有降。截至2021年，南方五省（区）常规水电发电量达到4441亿kWh，同比下降185.7亿kWh，同比下降4%。广东、广西、贵州常规水电发电量比上年同期都有所下降。南方五省（区）水电发电量情况如表2-8所示。

表 2-8　　　　南方五省（区）水电发电量情况　　　　单位：亿kWh

项目名称	2015年	2016年	2017年	2018年	2019年	2020年	2021年
1. 合计	4064	3987	4113	4326	4551	4627	4441
（1）广东	259	368	237	221	317	206	146
（2）广西	762	600	614	609	593	615	517
（3）云南	2177	2268	2502	2699	2856	2960	3027
（4）贵州	827	727	733	770	769	831	734
（5）海南	15	23	26	27	16	16	16
2. 占五省（区）比重							
（1）广东	6.4%	9.2%	5.8%	5.1%	7.0%	4.4%	3.3%
（2）广西	18.7%	15.1%	14.9%	14.1%	13.0%	13.3%	11.6%
（3）云南	53.6%	56.9%	60.8%	62.4%	62.7%	64.0%	68.2%
（4）贵州	20.3%	18.2%	17.8%	17.8%	16.9%	18.0%	16.5%
（5）海南	0.4%	0.6%	0.6%	0.6%	0.4%	0.3%	0.4%

广东、广西、云南、贵州水电利用小时数出现较明显的下降，海南有所增加。2021年，广东6000kW及以上水电设备平均利用小时数为1222小时，同比减少257小时；广西3061小时，同比减少653小时；云南3876小时，同比减少345小时；贵州3216小时，同比减少415小时；海南1080小时，同比增加108小时。南方五省（区）6000kW及以上水电设备平均利用小时数如图2-16所示。

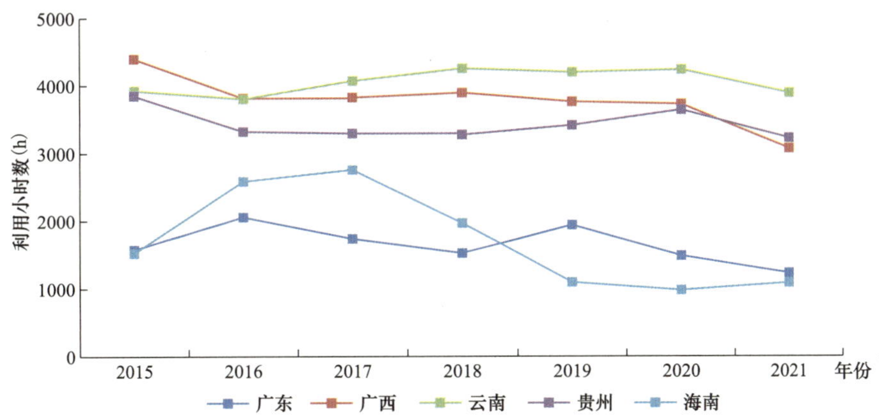

图2-16 南方五省（区）6000kW及以上水电设备平均利用小时数

大容量水电机组技术取得明显进步。国产大型水电机组单机容量的上限在南方五省（区）一次次重大水电工程建设中不断被刷新。2021年，乌东德水电站实现全部机组投产发电，成为南方电网供电范围内调管的最大水电站，电站左右岸各布置6台单机容量85万kW水轮发电机组，是当时世界已投产的最大水轮发电机组。

2.2.3.2 抽水蓄能

抽水蓄能装机容量和发电量稳步增长，装机占比高于全国平均水平。截至2021年，南方五省（区）抽水蓄能装机达到858万kW，发电量达到79亿kWh，抽水蓄能装机占总装机容量比重达到2.1%，比2015年提高0.2个百分点，比全国平均水平高0.6个百分点。2022年6月，广东梅州、阳江两座百万千瓦级抽水蓄能电站投产发电，进一步提升了电力系统灵活调节能力。南方五省（区）抽水蓄能装机容量及发电量情况如图2-17和图2-18

所示。

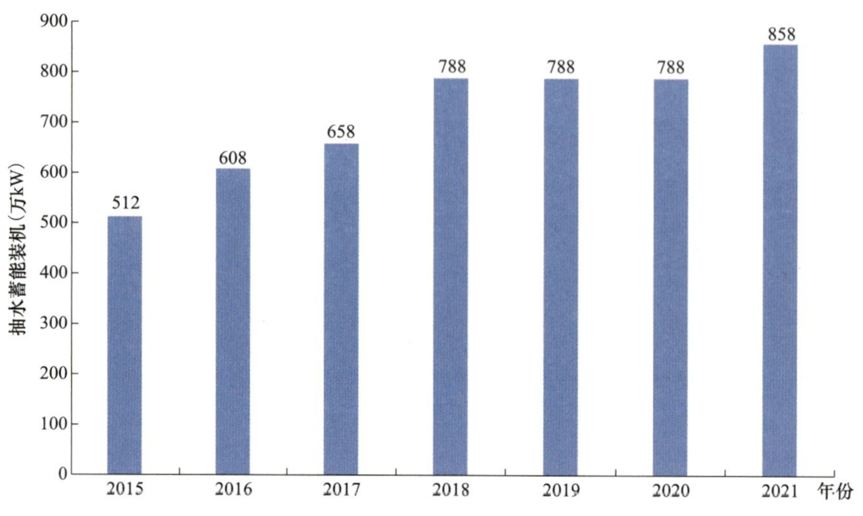

图 2-17　南方五省（区）抽水蓄能装机容量情况

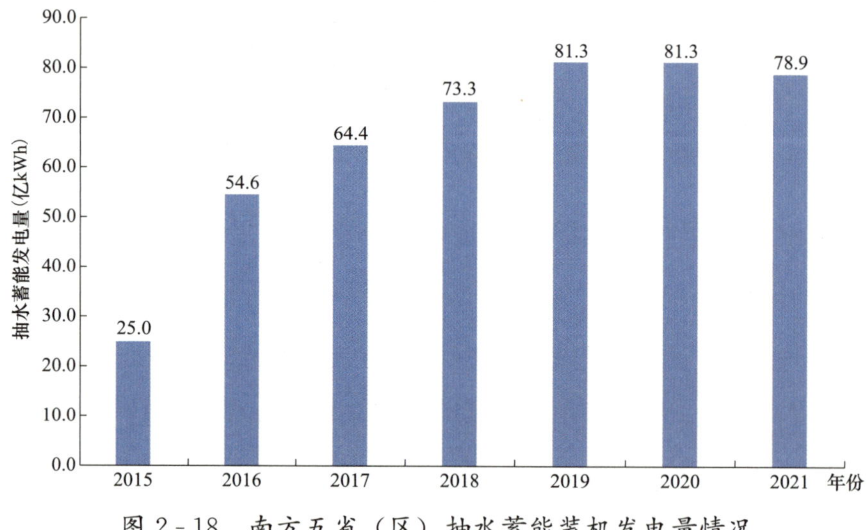

图 2-18　南方五省（区）抽水蓄能装机发电量情况

2.2.4　火电建设及运行

2.2.4.1　煤电

煤电装机平稳增长，占火电比重不断下降。2021 年，南方五省（区）煤电装机达到 13 881 万 kW，比 2020 年增加 312 万 kW，同比增长 2.3%，增速同比下降 1.8 个百分点。南方五省（区）煤电装机情况如表 2-9 所示。

2017 年以来，煤电占火电装机的占比逐年下降，截至 2021 年降至 78.5%，比 2017 年下降 5.6 个百分点。煤电占火电装机的比重情况如图 2-19 所示。

表 2-9　　南方五省（区）煤电装机情况　　单位：万 kW

项目名称	2015 年	2016 年	2017 年	2018 年	2019 年	2020 年	2021 年
1. 合计	11 365	12 300	12 653	12 743	13 032	13 569	13 881
（1）广东	5797	5998	6035	5994	6141	6620	6825
（2）广西	1213	1615	1797	1858	1858	1859	1965
（3）云南	1299	1301	1301	1298	1298	1298	1298
（4）贵州	2681	3011	3146	3242	3384	3469	3469
（5）海南	376	376	376	352	352	324	324
2. 占五省（区）比重							
（1）广东	51.0%	48.8%	47.7%	47.0%	47.1%	48.8%	49.2%
（2）广西	10.7%	13.1%	14.2%	14.6%	14.3%	13.7%	14.2%
（3）云南	11.4%	10.6%	10.3%	10.2%	10.0%	9.6%	9.4%
（4）贵州	23.6%	24.5%	24.9%	25.4%	26.0%	25.6%	25.0%
（5）海南	3.3%	3.1%	3.0%	2.8%	2.7%	2.4%	2.3%

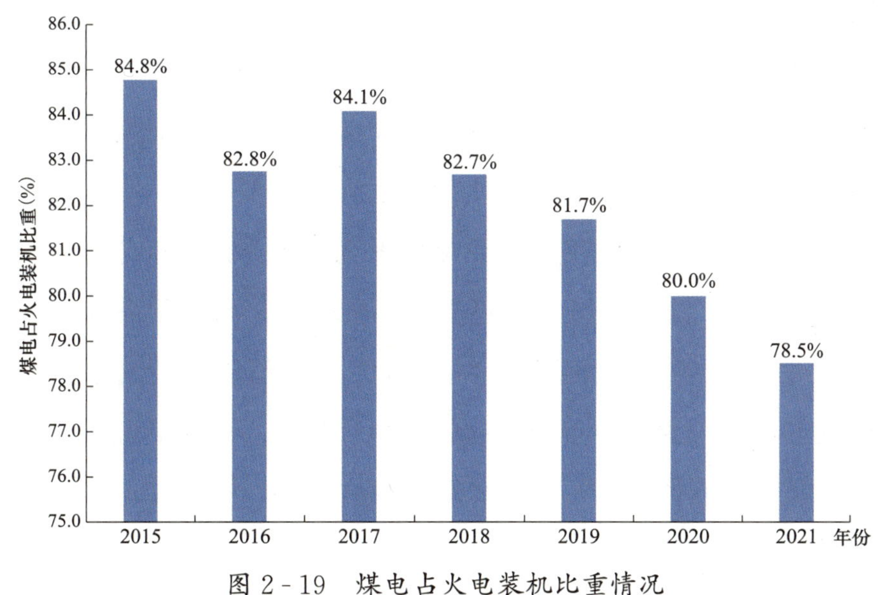

图 2-19　煤电占火电装机比重情况

电力需求恢复性增长推动煤电发电量大幅增加。2021 年，由于用电端需求大增，南方五省（区）煤电发电量达到6279亿kWh，比上年增加1095亿kWh，增速达到21.1%，同比提高19.8个百分点，如表2-10所示。

表2-10　　南方五省（区）煤电发电量情况　　单位：亿kWh

项目名称	2015年	2016年	2017年	2018年	2019年	2020年	2021年
1. 合计	4294	4174	4563	4951	5118	5184	6279
（1）广东	2409	2297	2578	2667	2508	2518	3372
（2）广西	362	360	444	649	833	865	944
（3）云南	247	170	167	207	223	318	353
（4）贵州	1071	1170	1201	1254	1381	1323	1444
（5）海南	205	176	173	174	173	160	166
2. 占五省（区）比重							
（1）广东	56.1%	55.0%	56.5%	53.9%	49.0%	48.6%	53.7%
（2）广西	8.4%	8.6%	9.7%	13.1%	16.3%	16.7%	15.0%
（3）云南	5.7%	4.1%	3.7%	4.2%	4.3%	6.1%	5.6%
（4）贵州	24.9%	28.0%	26.3%	25.3%	27.0%	25.5%	23.0%
（5）海南	4.8%	4.2%	3.8%	3.5%	3.4%	3.1%	2.6%

超超临界机组发电技术逐步在南方五省（区）推广，助力燃煤发电的清洁高效生产。2020年12月，贵州盘江新光2台66万kW超超临界火电项目开工，预计2024年建成投产。项目采用新一代高效一次再热超超临界机组，按照超低排放标准，同步建设烟气除尘、脱硫和脱硝装置，实现燃煤发电的清洁高效生产，建成后将是西南首座超超临界火力发电厂。

超超临界循环流化床燃用高硫无烟煤发电技术开始在南方五省（区）示范应用。2020年10月，贵州威赫超超临界循环流化床燃用高硫无烟煤发电示范项目开工建设，项目规划新建2台66万kW清洁高效超超临界参数循环流化床发电机组，为世界首个超超临界循环流化床燃用高硫无烟煤发电项目，对加快在南方五省（区）无烟煤清洁高效利用，推动能源转型升级和绿色低碳高质量发展，具有重要的示范意义。

2.2.4.2　气电

气电装机规模增长迅速，占火电比重逐步增加。2021年，南方五省（区）

气电装机达到3413.1万kW，比2020年增加435.3万kW，同比增长14.6%，增速同比下降13.3个百分点。南方五省（区）气电装机情况如表2-11所示。2017年以来，气电占火电装机比重逐年提高，截至2021年提高至19.7%，比2017年提高8个百分点。气电占火电装机比重的情况如图2-20所示。

表2-11　　南方五省（区）气电装机情况　　单位：万kW

项目名称	2015年	2016年	2017年	2018年	2019年	2020年	2021年
1. 合计	1511.8	1654.8	1680.1	2072.4	2327.2	2977.8	3413.1
（1）广东	1426.6	1568.6	1571.1	1962.5	2216.7	2696.0	3080.5
（2）广西	12.0	12.0	34.7	34.8	34.8	53.8	53.3
（3）云南	0.8	1.8	1.8	2.6	2.9	2.9	3.1
（4）贵州	0	0	0	0	0	56.4	61.5
（5）海南	72.4	72.4	72.5	72.5	72.7	168.7	214.7
2. 占五省（区）比重							
（1）广东	94.4%	94.8%	93.5%	94.7%	95.3%	90.5%	90.3%
（2）广西	0.8%	0.7%	2.1%	1.7%	1.5%	1.8%	1.6%
（3）云南	0.1%	0.1%	0.1%	0.1%	0.1%	0.1%	0.1%
（4）贵州	0.0%	0.0%	0.0%	0.0%	0.0%	1.9%	1.8%
（5）海南	4.8%	4.4%	4.3%	3.5%	3.1%	5.7%	6.3%

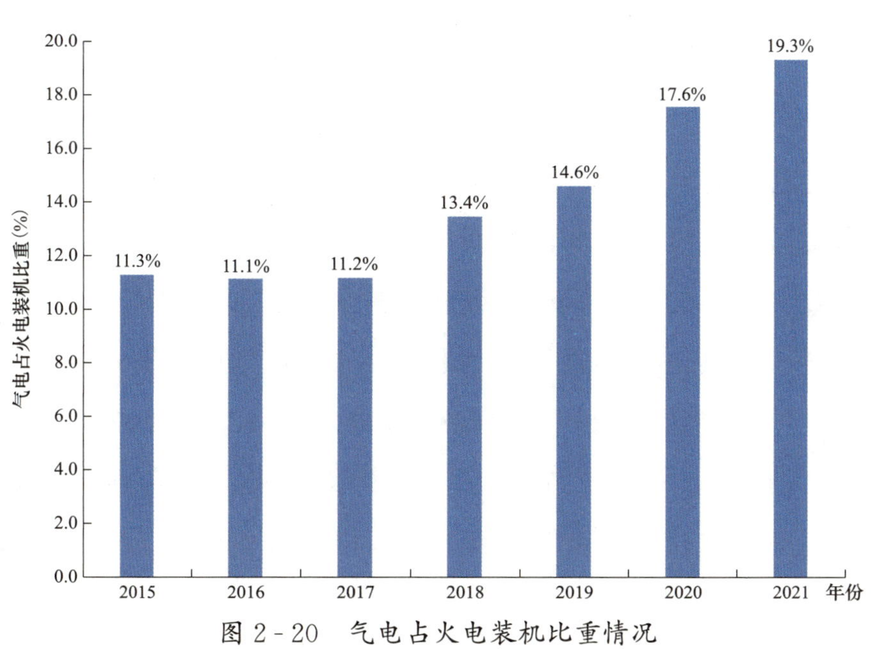

图2-20　气电占火电装机比重情况

气电发电量持续保持增长，但增速有所放缓。2021年，全球范围“能源荒”导致天然气价格不断冲击高点，受此影响气电发电量增速下降。南方五省（区）气电发电量2021年达到999.9亿kWh，比上年增加192.5亿kWh，增速达到23.8%，同比降低了7.9个百分点，如表2-12所示。

表2-12　南方五省（区）气电发电量情况　单位：亿kWh

项目名称	2015年	2016年	2017年	2018年	2019年	2020年	2021年
1. 合计	422.8	500.4	528.4	550.6	612.7	807.4	999.9
（1）广东	398.8	488.7	514.7	532.8	593.8	751.3	917.0
（2）广西	2.8	1.0	2.3	5.5	4.9	9.3	10.2
（3）云南	0.1	0.4	0.6	0.5	0.5	0.5	0.3
（4）贵州	0	0	0	0	0	18.7	22.6
（5）海南	21.1	10.3	10.9	11.8	13.5	27.6	49.8
2. 占五省（区）比重							
（1）广东	94.32%	97.66%	97.41%	96.77%	96.92%	93.05%	91.71%
（2）广西	0.66%	0.20%	0.44%	1.00%	0.80%	1.15%	1.02%
（3）云南	0.02%	0.08%	0.11%	0.09%	0.08%	0.06%	0.03%
（4）贵州	0.00%	0.00%	0.00%	0.00%	0.00%	2.32%	2.26%
（5）海南	4.99%	2.06%	2.06%	2.14%	2.20%	3.42%	4.98%

天然气电厂发电效率不断提高，污染物排放不断降低。2020年6月，海南文昌电厂投产发电，各项技术指标处于国内先进水平，文昌电厂采用高效、清洁的联合循环机组和先进的干式低氮燃烧器，并同步设置脱硝装置，氮氧化物排放量约为相同容量燃煤电厂的6.4%，二氧化碳等温室气体排放量约为相同容量燃煤电厂的42%。2020年9月，广东福新电厂投产，是国内首台投产H级燃机，联合循环发电效率63.1%，氮氧化物排放254吨/年，二氧化硫和烟尘排放为零，处于世界领先水平。

燃气机组国产化率持续提高。目前我国重型燃气轮机（功率5万kW

以上）基本依赖进口。2021年3月11日，全国国产化率最高的燃机热电联产机组——华电清远热电联产工程二套机组正式投入商业运行。该项目建设2套9F级燃机热电联产机组，单机容量达501.6MW，为目前全国单机发电容量最大的9F级双轴重型燃机项目。工程采用目前世界先进的F级燃机机组和低氮燃烧技术加高效（Selective Catalytic Reduction，SCR）脱硝技术，燃机国产化率达90%以上，综合能源利用效率可达76.9%。

2.2.5 核电建设及运行

南方五省（区）核电装机规模大幅提高，实现了核电的安全高效发展。核电装机从2015年的1003万kW增至2021年的1961万kW，年均增长率11.8%。广东、广西、海南均实现了核电的安全高效发展。广东是我国核电建设的先驱之一，建成中国第一座大型商用核电站——大亚湾核电站，而后又相继建成岭澳、阳江、台山核电站，2021年广东核电总装机规模达到1614万kW。广西、海南核电从无到有，分别建成防城港红沙核电站、昌江核电站，装机规模分别为217万kW和130万kW。南方五省（区）核电装机情况如表2-13所示。

表2-13　　南方五省（区）核电装机情况　　单位：万kW

项目名称	2015年	2016年	2017年	2018年	2019年	2020年	2021年
1. 合计	1003	1285	1394	1677	1961	1961	1961
（1）广东	829	938	1046	1330	1614	1614	1614
（2）广西	109	217	217	217	217	217	217
（3）海南	65	130	130	130	130	130	130
2. 占五省（区）比重							
（1）广东	82.7%	73.0%	75.1%	79.3%	82.3%	82.3%	82.3%
（2）广西	10.8%	16.9%	15.6%	13.0%	11.1%	11.1%	11.1%
（3）海南	6.5%	10.1%	9.3%	7.8%	6.6%	6.6%	6.6%

核电发电量稳步增长。2021 年，南方五省（区）核电发电量 1483 亿 kWh，同比增加 58.2 亿 kWh，增速达到 4.1%，其中广东核电发电量 1204.1 亿 kWh，同比增长 3.7%。广西核电发电量 181.3 亿 kWh，同比增长 7.6%。海南核电发电量 97.6 亿 kWh，同比增长 2.1%。南方五省（区）核电发电量如表 2-14 所示。

表 2-14　　南方五省（区）核电发电量　　单位：亿 kWh

项目名称	2015 年	2016 年	2017 年	2018 年	2019 年	2020 年	2021 年
1. 合计	616.8	867.8	1001.7	1134.6	1373.9	1424.8	1483.0
（1）广东	605.9	704.9	800.3	896.5	1105.6	1160.8	1204.1
（2）广西	6.6	103.0	126.8	161.0	171.5	168.4	181.3
（3）海南	4.4	59.9	74.6	77.2	96.8	95.6	97.6
2. 占五省（区）比重							
（1）广东	98.2%	81.2%	79.9%	79.0%	80.5%	81.5%	81.2%
（2）广西	1.1%	11.9%	12.7%	14.2%	12.5%	11.8%	12.2%
（3）海南	0.7%	6.9%	7.4%	6.8%	7.0%	6.7%	6.6%

2.3　供需形势

南方五省（区）电力供需总体偏紧。2021 年，南方五省（区）全社会用电量 14 508 亿 kWh，同比增长 11.1%；电源装机 40 618 万 kW，同比增长 6.5%。2021 年，南方五省（区）经济快速恢复，用电增长较快，叠加来水偏枯、电煤供应不足，电力供应持续紧张。4 月开始，除海南外广东、云南、广西、贵州四省（区）先后实施长周期、大规模有序用电，错峰范围主要控制在工业领域，未影响民生用电。11 月以后，在国家有关部委强力统筹协调下，电煤价格大幅下降，电煤供应取得根本好转，电力供需紧张形势持续改善，未再实施有序用电。2021 年南方五省（区）单日最大错峰电力情况如图 2-21 所示，2021 年南方五省（区）全年因错峰影响电量情况如

图 2-22 所示。

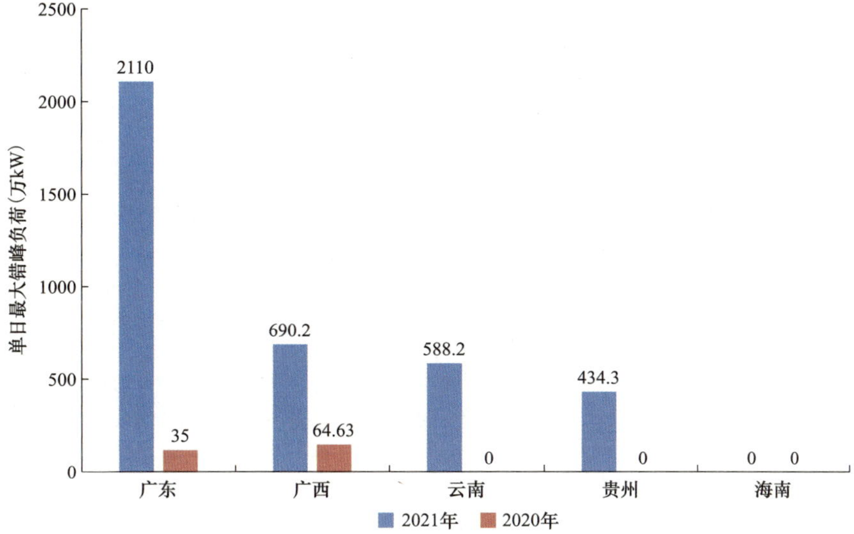

图 2-21 2021 年南方五省（区）单日最大错峰电力情况

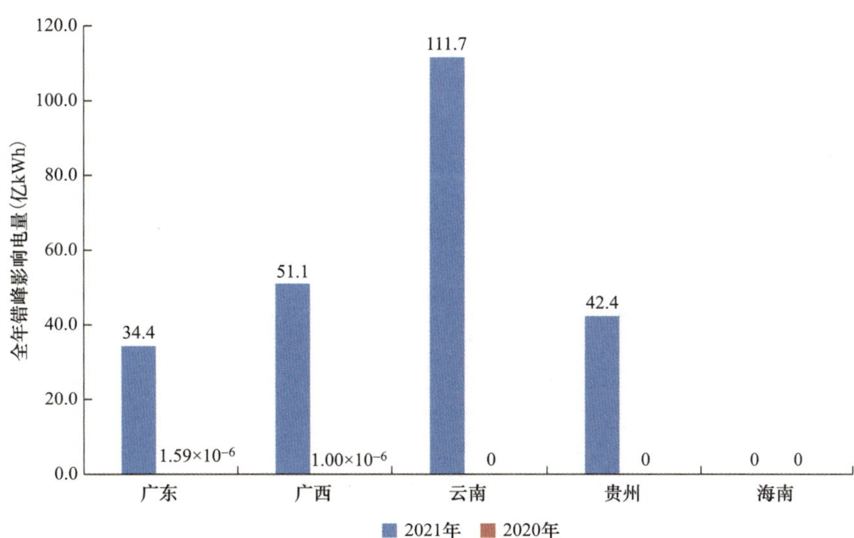

图 2-22 2021 年南方五省（区）全年因错峰影响电量情况

第 3 章

南方电网建设情况

3.1 电网建设

2021 年南方电网新增 35kV 及以上公用变电站 1209 座，同比增长 16.1%；新增 35kV 及以上主变压器容量 6600 万 kVA，同比增长 5.8%；新增 35kV 及以上线路 35 232km，同比增长 11.5%。

截至 2021 年底，南方电网共有 35kV 及以上公用变电站 8712 座；35kV 及以上主变压器容量 120 723 万 kVA；35kV 及以上线路 20 133 条，长度 341 308km。

2015—2021 南方电网 35kV 及以上电网规模变化情况如表 3-1 所示。

表 3-1　　南方电网 35kV 及以上电网规模变化情况

年份	2015	2016	2017	2018	2019	2020	2021
35kV 及以上公用变电站/换流站（座）	5172	6516	6740	7096	7294	7503	8712
35kV 及以上主变压器容量（万 kVA）	75 716	93 124	98 466	102 716	106 974	114 123	120 723
35kV 及以上线路长度（km）	194 162	267 418	272 981	288 199	294 363	306 076	341 308
35kV 及以上架空线路数量（条）	11 780	14 997	15 348	16 487	16 370	17 363	20 133

3.1.1 分电压等级情况

2021 年，南方电网新增 500kV 及以上变电站 9 座、220kV 变电站 31 座、110kV 变电站 239 座、35kV 变电站 930 座。新增 500kV 及以上变电容量 1576 万 kVA、220kV 变电容量 1902 万 kVA、110kV 变电容量 2443 万 kVA、35kV 变电容量 679 万 kVA，分别同比增长 5.7%、5.1%、6.9%、21.4%。

2021 年，南方电网新增 500kV 及以上线路 36 条、220kV 线路 236 条、110kV 线路 564 条、35kV 线路 2311 条。新增 500kV 及以上线路长度

1096km、220kV线路长度3623km、110kV线路长度5524km、35kV线路长度24 989km，分别同比增长2.5%、4.5%、5.4%、38.3%。

2015—2021年南方电网各电压等级电网规模变化情况如表3-2所示。

表3-2　南方电网各电压等级电网规模变化情况

年份	2015	2016	2017	2018	2019	2020	2021
一、主变压器容量（万kVA）	82 315	93 123	98 466	102 717	106 974	114 123	120 723
换流变压器容量合计	5644	7799	8395	8979	8979	11 233	11 233
±800kV	2362	2362	2945	3528	3528	5427	5427
±500kV	3283	5437	5450	5450	5450	5806	5806
公用变压器容量合计	76 671	85 324	90 071	93 738	97 995	102 890	109 490
500kV	21 411	23 038	24 401	25 091	26 442	27 596	29 172
220kV	29 181	30 783	32 567	33 945	35 269	36 951	38 853
110kV	24 522	29 460	30 939	32 213	33 719	35 171	37 614
35kV	1558	2043	2164	2489	2565	3172	3851
二、线路长度（km）	219 162	267 417	272 981	288 200	294 363	306 076	341 308
直流线路合计	8279	10 116	11 904	11 904	11 904	13 743	13 743
±800kV	2787	2787	4744	4744	4744	6194	6194
±500kV	5493	7330	7160	7160	7160	7549	7549
交流线路合计	210 883	257 301	261 077	276 296	282 459	292 333	327 565
500kV	35 601	36 910	38 159	40 185	40 740	43 161	44 257
220kV	66 262	68 235	71 043	75 007	77 767	81 101	84 724
110kV	67 134	93 176	93 478	97 156	99 690	102 803	108 327
35kV	41 886	58 980	58 397	63 948	64 262	65 268	90 257

3.1.2　分省（区）情况

2021年，广东新增35kV及以上主变压器容量3155万kVA，同比增长5.4%，新增35kV及以上线路1271km，同比增长1.5%；广西新增35kV及以上主变压器容量1539万kVA，同比增长14.9%，新增35kV及以上线路18 549km，同比增长34.8%；云南新增35kV及以上主变压器容量943万kVA，同比增长5.9%，新增35kV及以上线路长度12 581km，同比

增长 15.7%；贵州新增 35kV 及以上主变压器容量 744 万 kVA，同比增长 6.3%，新增 35kV 及以上线路 2564km，同比增长 5.0%；海南新增 35kV 及以上主变压器容量 119 万 kVA，同比增长 5.1%，新增 35kV 及以上线路 267km，同比增长 2.4%。

截至 2021 年底，广东 35kV 及以上公用变电站 2967 座，主变压器容量 61 664 万 kVA，35kV 及以上线路长度 87 627km；广西 35kV 及以上公用变电站 1974 座，主变压器容量 11 895 万 kVA，35kV 及以上线路长度 71 834km；云南 35kV 及以上公用变电站 1894 座，主变压器容量 16 793 万 kVA，35kV 及以上线路长度 92 681km；贵州 35kV 及以上公用变电站 1514 座，主变压器容量 12 542 万 kVA，35kV 及以上线路长度 54 171km；海南 35kV 及以上公用变电站 320 座，主变压器容量 2442 万 kVA，35kV 及以上线路长度 11 289km。

南方五省（区）35kV 及以上主变压器容量占比及 35kV 及以上输电线路长度占比情况如图 3-1 和图 3-2 所示。

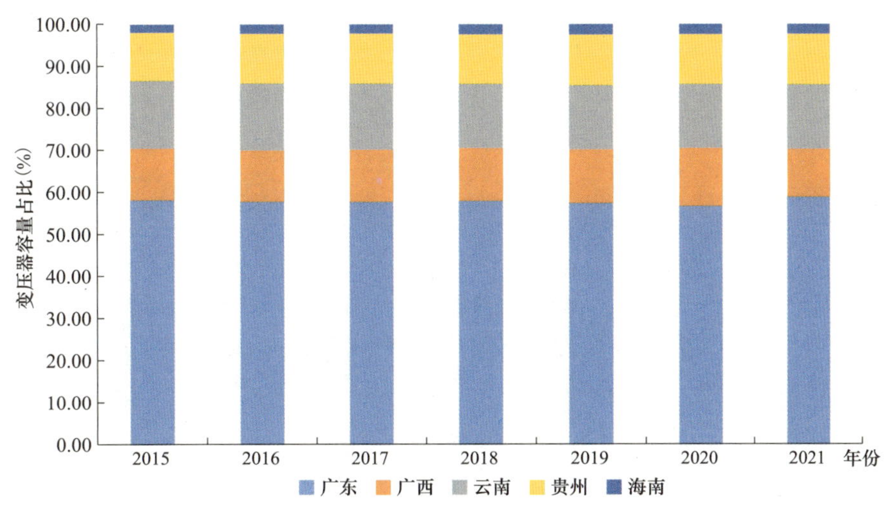

图 3-1　南方五省（区）35kV 及以上主变压器容量占比

3.1.3　电网投资情况

重点工程项目投产顺利，电网投资维持高位。 2021 年，南方电网公司积极发挥投资拉动作用，将资金优先投向落实“六稳”“六保”要求、融入“两新一重”建设等重点领域，集中资源攻坚重大工程，带动产业链供应链上下游加速恢复生产，云贵互联、文昌气电提前投产，昆柳龙直流提前半年全面建成投产。全年电网投资维持高位，达到1257亿元，同比增长3%，增速同比提高15个百分点。南方电网2015—2021年投资及增速如图3-3所示。

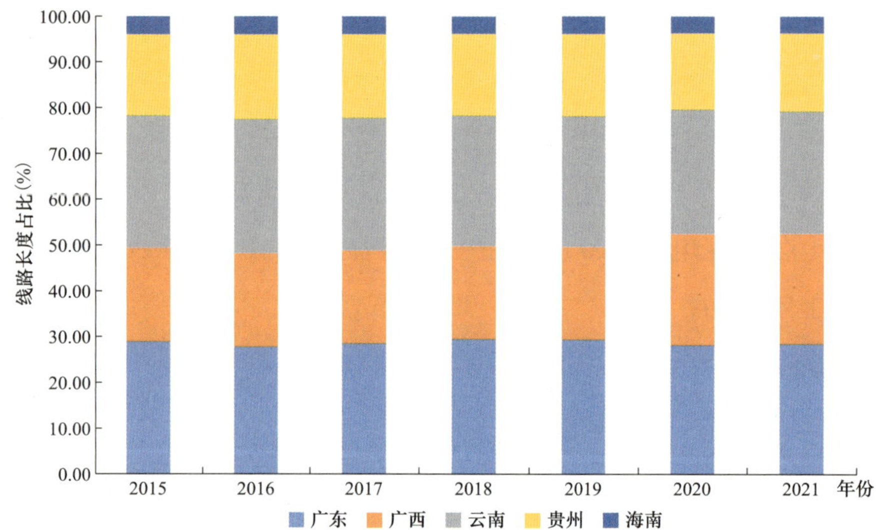

图3-2　南方五省（区）35kV及以上输电线路长度占比

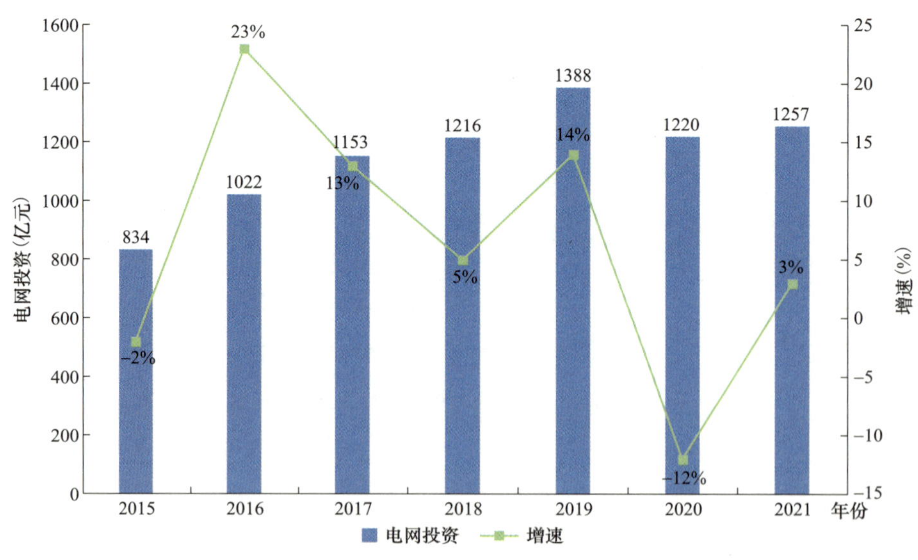

图3-3　南方电网2015—2021年投资及增速

3.2 电网规模与结构

3.2.1 西电东送主网架

截至2021年底，南方电网已形成“八交十一直”西电东送主网架结构，直流线路总长度为13 181km，西电东送送电能力5817万kW，其中，西电送广东5053万kW，西东送广西764万kW，具体如表3-3所示。

表3-3 南方电网2021年西电东送能力构成表 单位：万kW

西电东送总能力	5817		
西电东送广东总能力	5053	西电东送广西总能力	764
（1）云电送粤	3300	（1）云电送桂	620
（2）黔电送粤	860	（2）天生桥送广西	84
（3）天生桥送广东	168	（3）兴义送广西	60
（4）三峡送广东	300		
（5）桥口鲤鱼江送广东	180		
（6）龙滩送广东	245		

2021年，云电送粤协议电力和协议电量分别为2850万kW和1233亿kWh，实际最大电力为3221万kW，实际送电量为1244亿kWh，完成率分别达到113%和100.9%；黔电送粤协议电力和协议电量分别为800万kW和500亿kWh，实际最大电力923万kW，实际送电量398亿kWh，完成率分别达到115.4%和79.6%；云电送桂协议电力和协议电量分别为600万kW和196亿kWh，实际最大电力为830万kW，实际送电量为212亿kWh，完成率分别达到138.3%和108.2%。2021年，西电东送占广东全社会用电比重达到24.1%，成为广东经济社会发展的重要支撑；西电东送占广西全社会用电比重为13.4%，有效解决了广西能源资源匮乏的困局。2021年南方电网西电东送通道示意图见图3-4。2015—2021年南方五省区西电东送能力及送电量如图3-5。

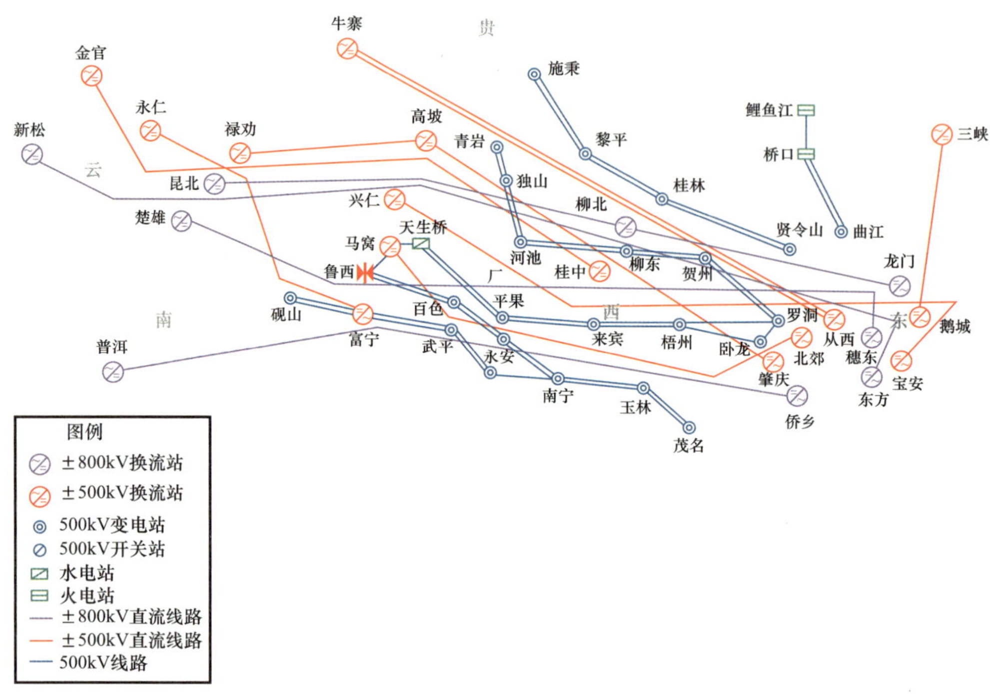

图 3-4　2021 年南方电网西电东送通道示意图

图 3-5　2015—2021 年南方五省区西电东送能力及送电量

3.2.2　省内主网架

3.2.2.1　广东电网

2021年，广东电网新增220kV及以上主变压器容量2121万kVA，同比增长5.9%；新增220kV及以上输电线路1979km，同比增长4.9%。

截至2021年底，广东电网共有220kV及以上公用变电站542座，主变压器容量37 772万kVA，220kV及以上输电线路长度42 397km。广东电网220kV及以上电网规模如图3-6和图3-7所示。

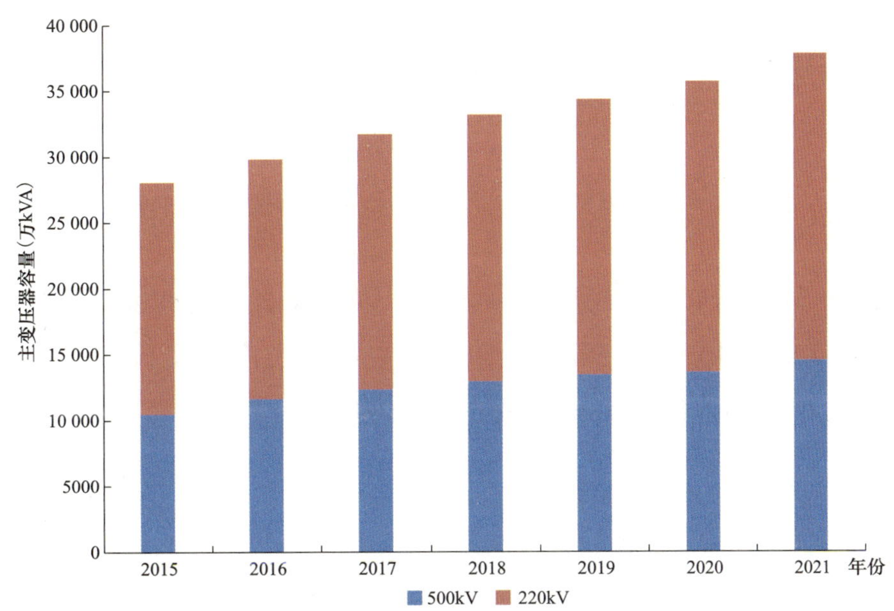

图3-6　广东电网220kV及以上主变压器容量变化情况

截至2021年底，广东电网500kV主网架已形成服务于珠江三角洲负荷中心地区的内外双环网结构，并向基于500kV湾区外环的柔性直流互联的目标网架演变，220kV网架已形成覆盖全省各地市、以双环网和双回链式为主的供电结构。

3.2.2.2　广西电网

2021年，广西电网新增220kV及以上主变压器容量224万kVA，同比增长3.7%；新增220kV及以上输电线路589km，同比增长3%。

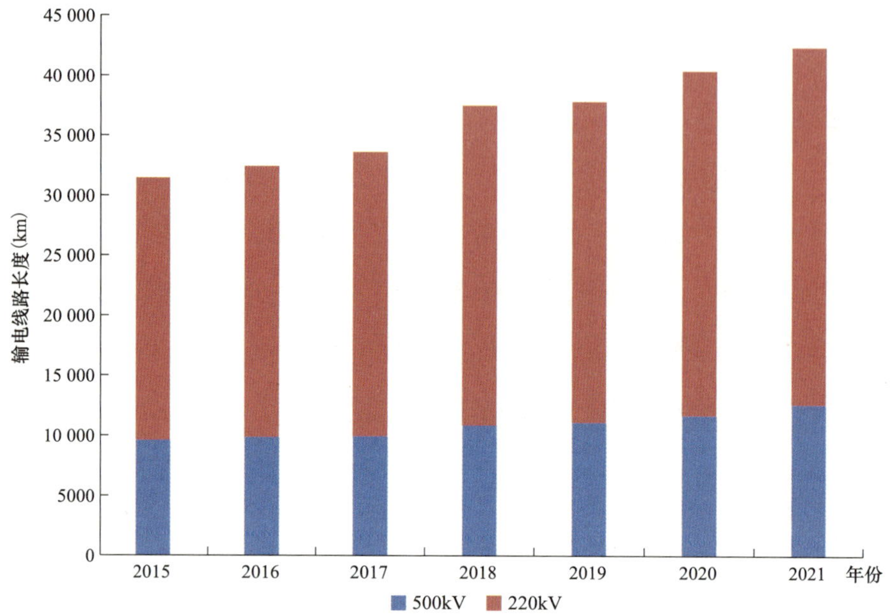

图 3-7　广东电网 220kV 及以上输电线路长度变化情况

截至 2021 年底，广西电网共有 220kV 及以上公用变电站 181 座，主变压器容量 6193 万 kVA，220kV 及以上输电线路长度 20 114km。广西电网 220kV 及以上电网规模如图 3-8 和图 3-9 所示。

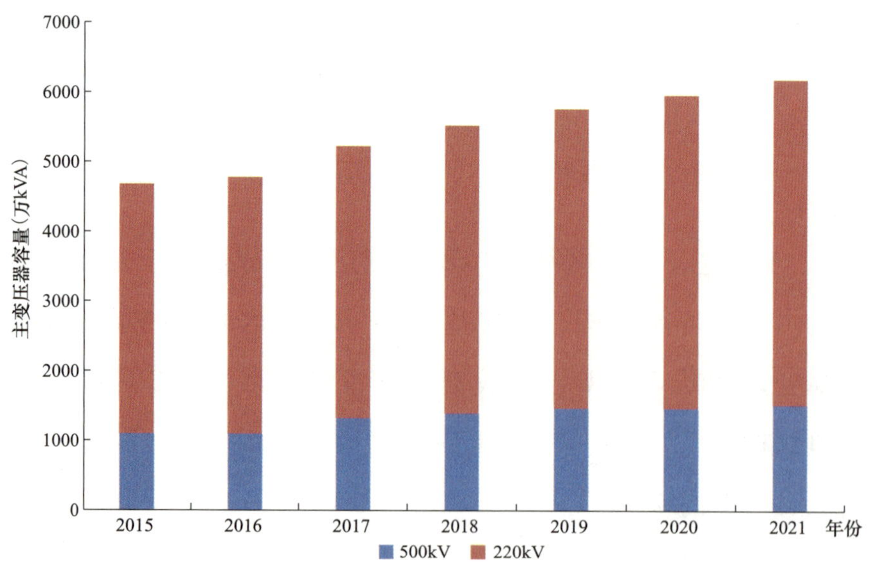

图 3-8　广西电网 220kV 及以上主变压器容量变化情况

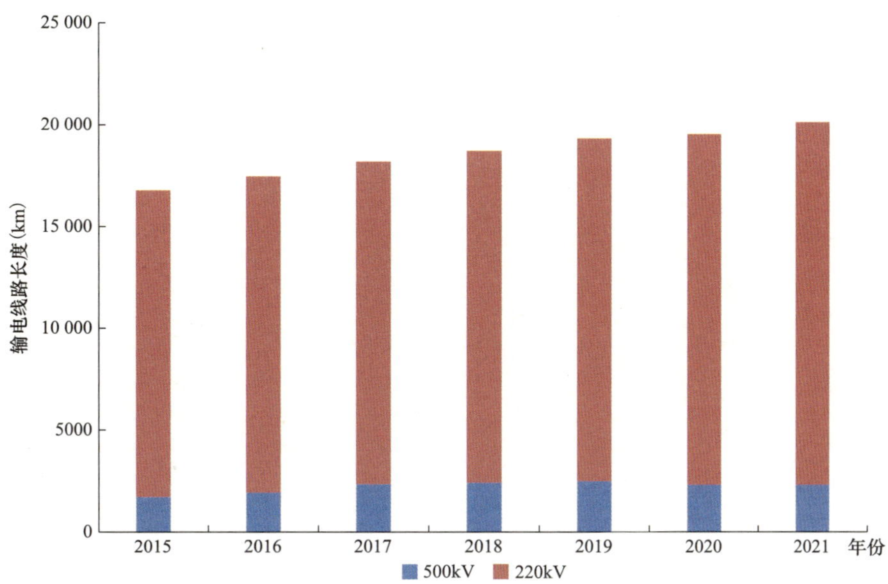

图 3-9 广西电网 220kV 及以上输电线路长度变化情况

截至 2021 年底，广西电网 500kV 主网架已依托西电东送通道形成“四横两纵”的电网结构。220kV 网架已形成 14 个地市县域全覆盖、以双回链式和双环网为主的供电结构。

3.3.2.3 云南电网

2021 年，云南电网新增 220kV 及以上主变压器容量 413 万 kVA，同比增长 4%；新增 220kV 及以上输电线路 1788km，同比增长 5.4%。

截至 2021 年底，云南电网共有 220kV 及以上公用变电站 184 座，主变压器容量 10 696 万 kVA，220kV 及以上输电线路长度 34 693km。云南电网 220kV 及以上电网规模如图 3-10 和图 3-11 所示。

截至 2021 年底，云南电网 500kV 主网架已形成“三横两纵一中心”的结构。220kV 网架主要依托 500kV 变电站布点不断进行优化，已形成覆盖全省 16 个市州、以单侧电源环网加联络、双侧电源链式为主的供电结构。

3.3.2.4 贵州电网

2021 年，贵州电网新增 220kV 及以上主变压器容量 577 万 kVA，同比增长 8.5%；新增 220kV 及以上输电线路 333km，同比增长 1.9%。

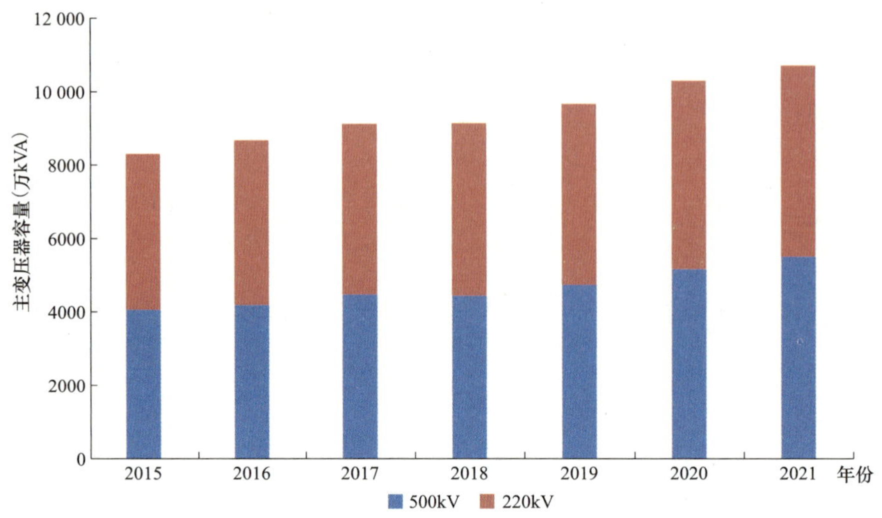

图3-10 云南电网220kV及以上主变压器容量变化情况

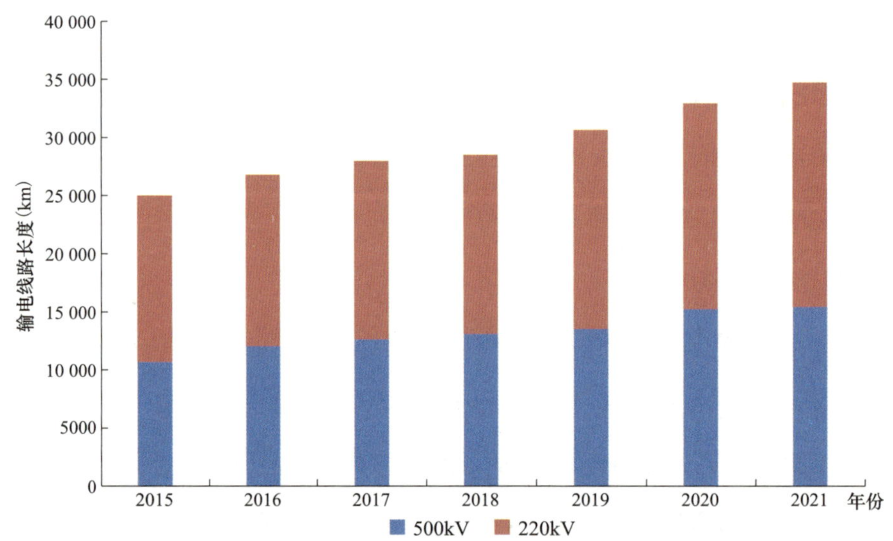

图3-11 云南电网220kV及以上输电线路长度变化情况

截至2021年底，贵州电网共有220kV及以上公用变电站157座，主变压器容量7357万kVA，220kV及以上输电线路长度17 563km。贵州电网220kV及以上电网规模变化情况如图3-12和图3-13所示。

截至2021年底，贵州电网500kV主网架已形成以黔中、黔北为中心的“日”字形双环网结构，并向黔东、黔西、黔南、黔西南辐射分布，实现了贵州省10个地州市500kV变电站全覆盖，构建了坚强可靠的骨干网架。

220kV 网架已形成覆盖全县域、以双环、不完全双环或双链式联络网架结构为主的供电结构。

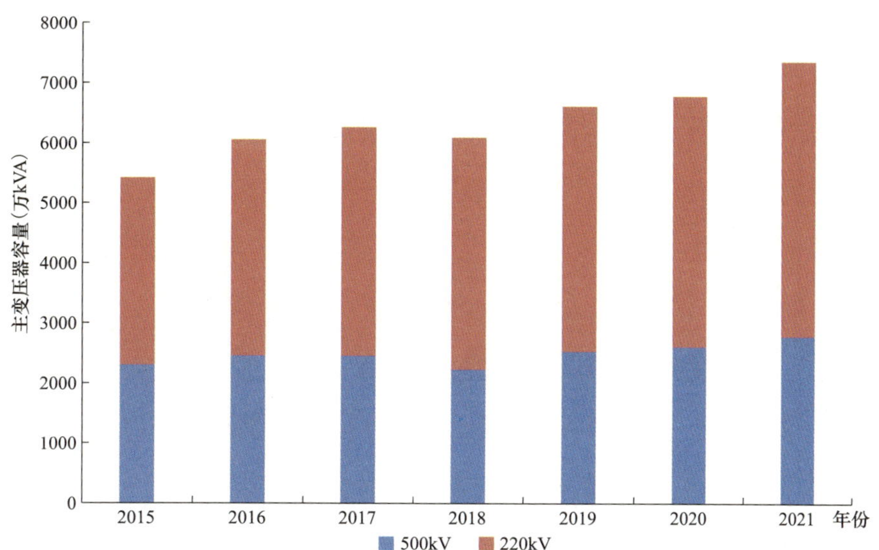

图 3-12 贵州电网 220kV 及以上主变压器容量变化情况

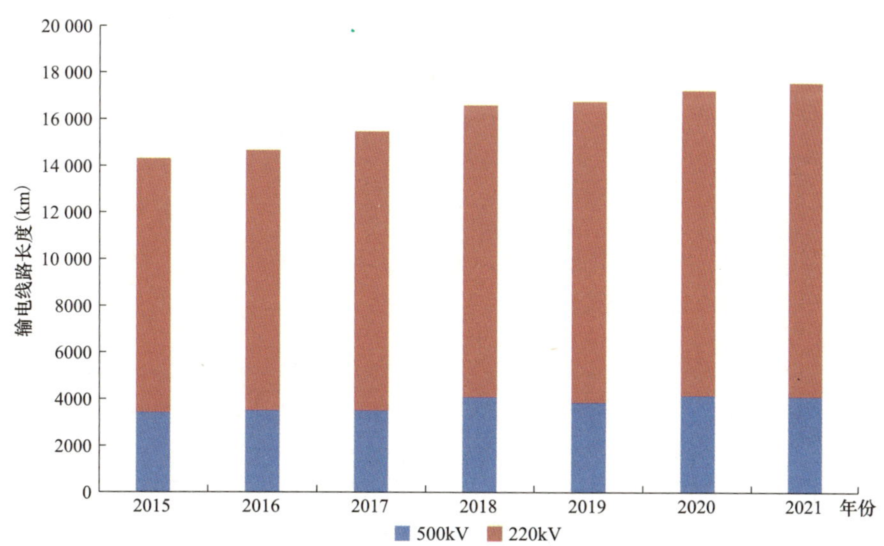

图 3-13 贵州电网 220kV 及以上输电线路长度变化情况

3.3.2.5 海南电网

2021 年，海南电网新增 220kV 及以上公用变电站 1 座；新增 220kV 及以上主变压器容量 42 万 kVA，同比增长 3.9%；新增 220kV 及以上输电线路30km，同比增长0.7%。

截至2021年底，海南电网共有220kV及以上公用变电站33座，主变压器容量1131万kVA，220kV及以上输电线路长度4251km。海南电网220kV及以上电网规模变化情况如图3-14和图3-15所示。

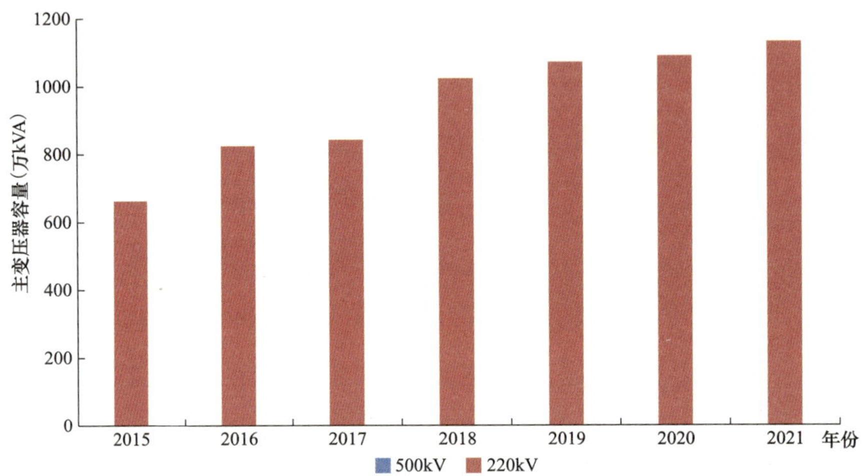

图3-14　海南电网220kV及以上主变压器容量变化情况

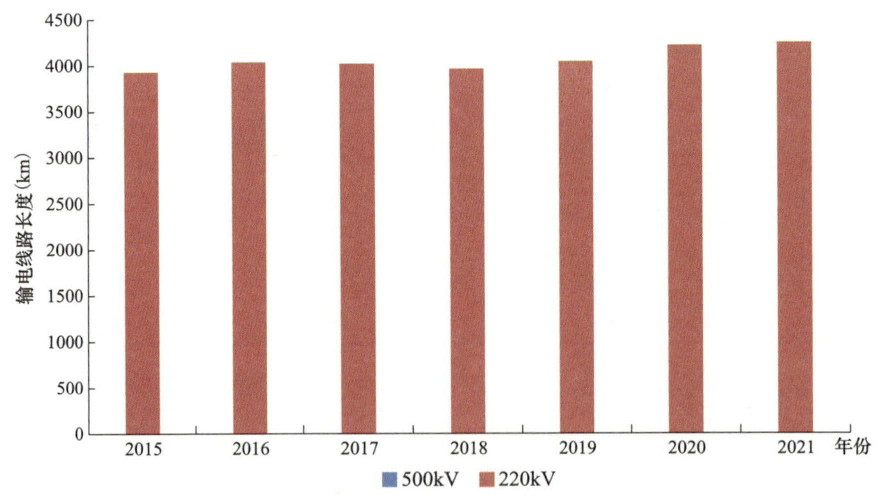

图3-15　海南电网220kV及以上输电线路长度变化情况

截至2021年底，海南电网主网架已形成覆盖全岛的220kV“目”字形双环网，并通过双回500kV交流线路与南方电网主网相连。220kV电网在“目”字形环网的基础上，进一步加强优化电网结构、扩大各市县220kV电

网覆盖率。

3.2.3 配电网

3.2.3.1 高压配电网

2021年，南方电网新增110kV和35kV变电站1169座；新增110kV和35kV主变压器容量3123万kVA，同比增长8.1%；新增110kV和35kV输电线路30 513km，同比增长18.2%。

截至2021年底，南方电网110kV和35kV变电站总计7572座；110kV和35kV主变压器容量总计41 465万kVA；110kV和35kV线路长度总计198 584km。南方电网高压配电网规模变化情况如图3-16和图3-17所示。

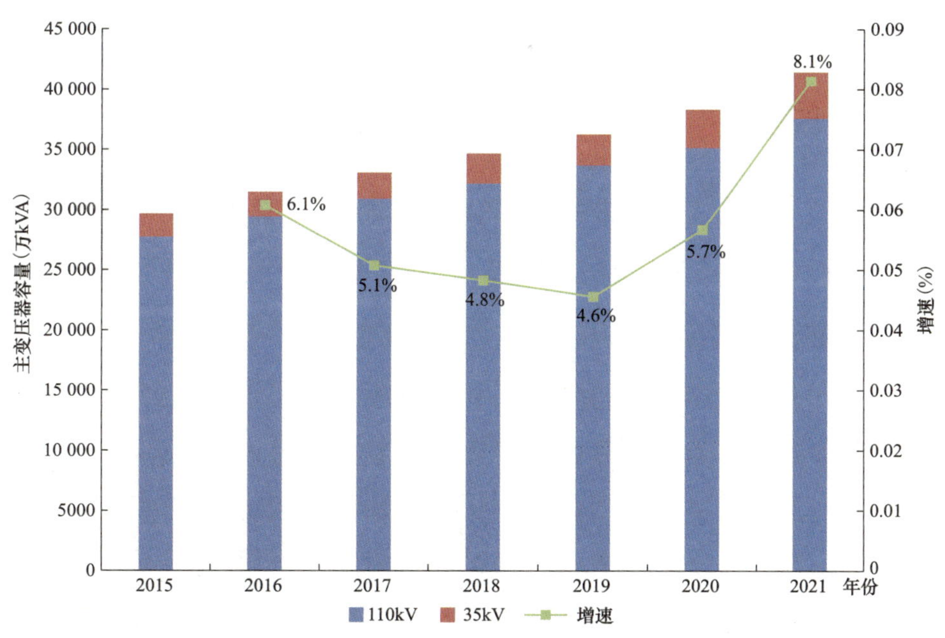

图3-16 南方电网110kV和35kV主变压器容量变化情况

3.2.3.2 中压配电网

2021年，南方电网新增公用配电站7133座；新增配电变压器容量53 684万kVA，同比增长15.68%；新增开关柜63 436面，同比增长6.80%；新增柱上开关29 895台，同比增长9.93%；新增中压线路122 459km，同比增长11.74%。

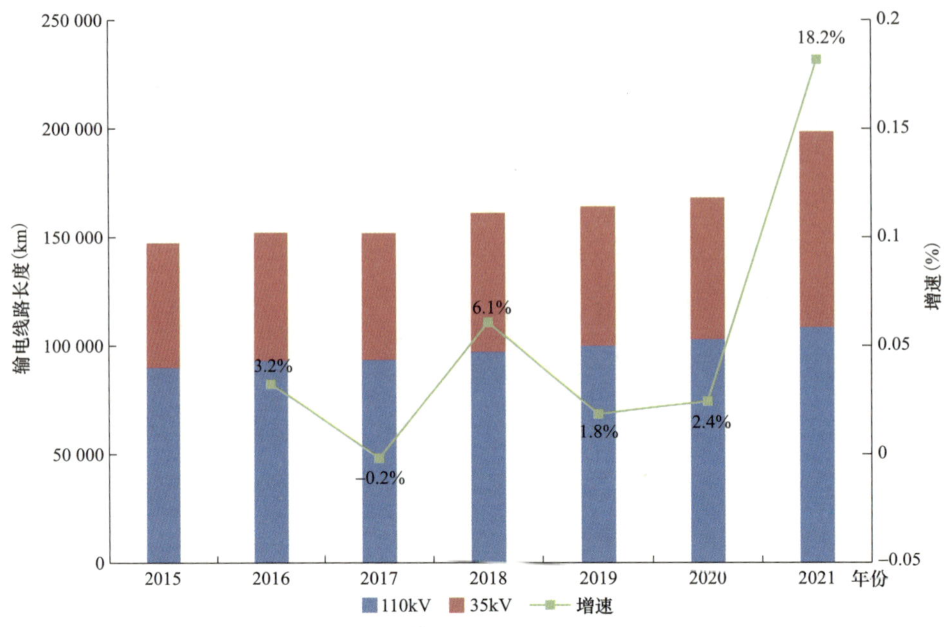

图 3-17　南方电网 110kV 和 35kV 线路长度变化情况

截至2021年底，南方电网公用配电站总计395 613座，配电变压器容量39 605万kVA，开关柜995 843面，柱上开关331 049台，中压线路85 025回、线路长度1 165 810km。南方电网中压配电网规模变化情况如图3-18和图3-19所示。

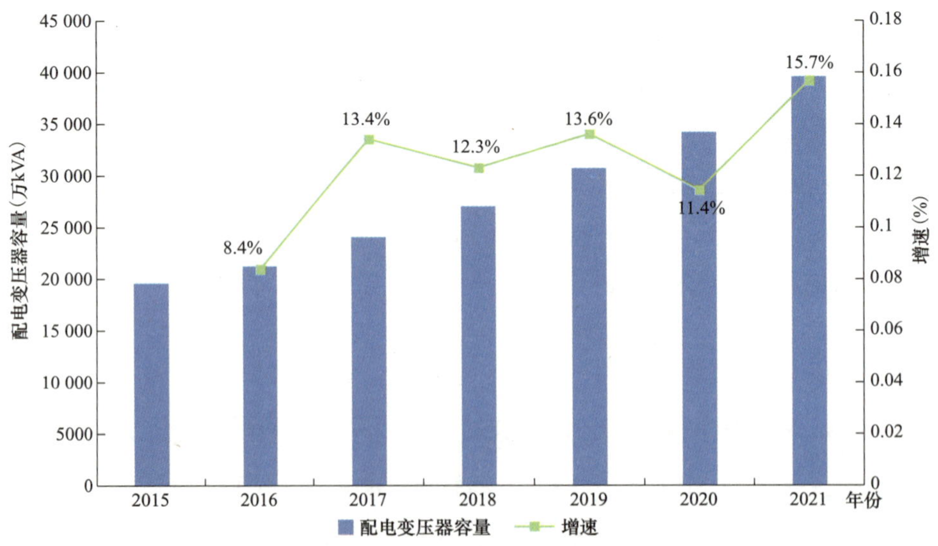

图 3-18　南方电网配电变压器容量变化情况

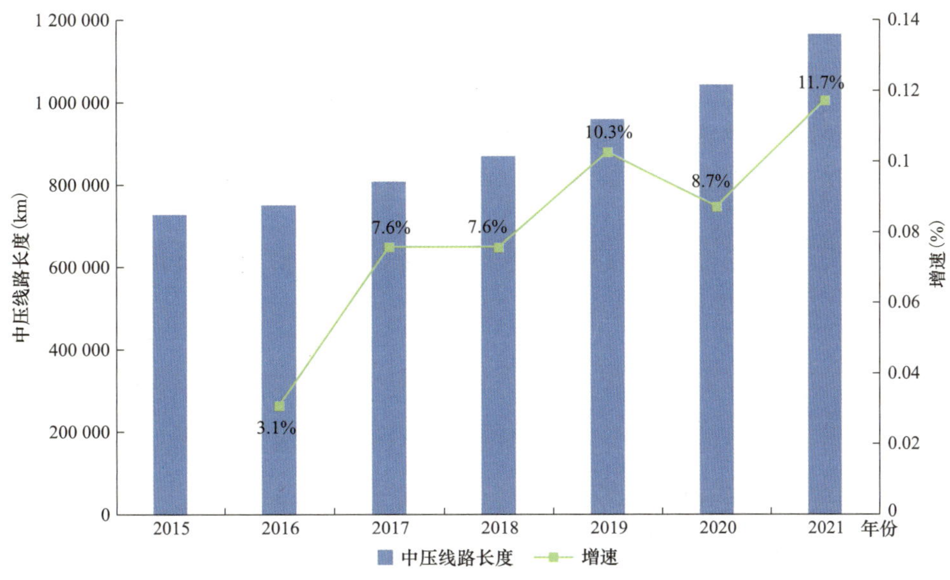

图 3-19　南方电网中压线路长度变化情况

3.2.4　电网互联互通

3.2.4.1　与港澳地区互联互通

（1）香港。截至 2021 年底，南方电网通过 4 回 400kV 线路、7 回 132kV 线路与香港联网，协议年度送电规模 235 万 kW，约占香港最大用电负荷 25%。深圳与香港互联电网接线示意图如图 3-20 所示。

南方电网与香港电力贸易形式以对港售电为主、购电为辅。2021 年，广东售香港电量为 128.2 亿 kWh，减少 2.6 亿 kWh，同比降低 1.9 个百分点；广东购香港电量 0.4 亿 kWh。“十三五”以来累计送受电量约 899 亿 kWh。其中向香港累计售电量达 887.4 亿 kWh，累计购电量达 11.6 亿 kWh。2015—2021 年南方电网与香港送受电量如图 3-21 所示。

（2）澳门。截至 2021 年底，经过保底电网改造，南方电网已建成“3+2”对澳门供电网架，即近区北、中、南 3 个 220kV 供电主通道，共 8 回 220kV 线路；另有 4 回 110kV 输电线路，其中 110kV 南澳 AB 线、珠澳 AB 线为广东侧充电、澳门侧开关热备用状态。南方电网与澳门互联电网接线示意图如图 3-22 所示。

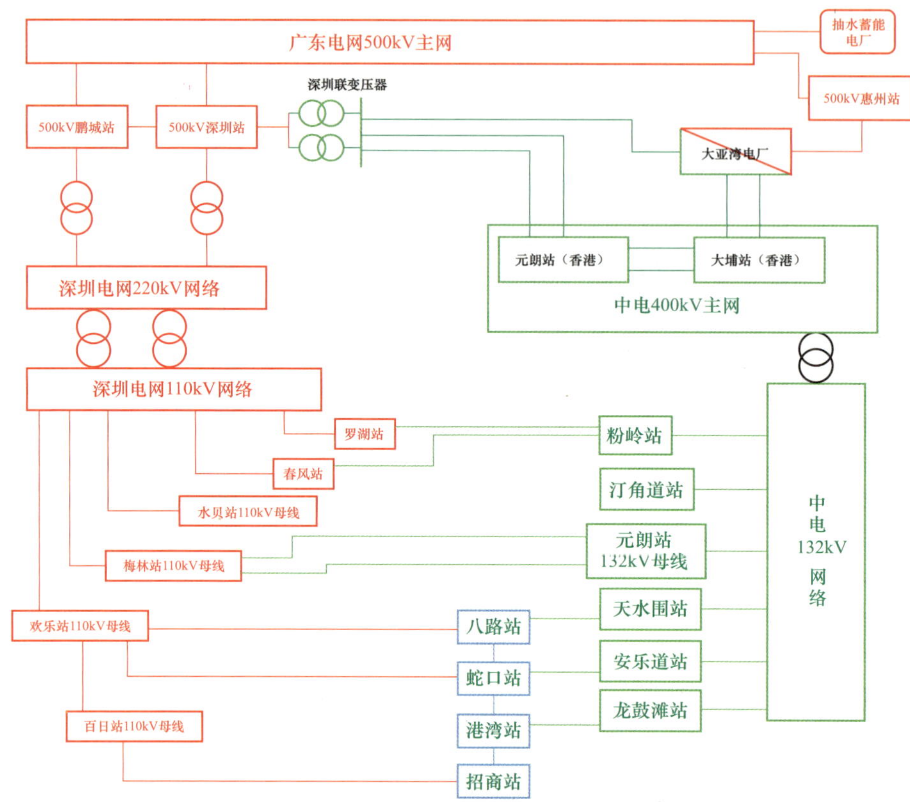

图 3-20　深圳与香港互联电网接线示意图

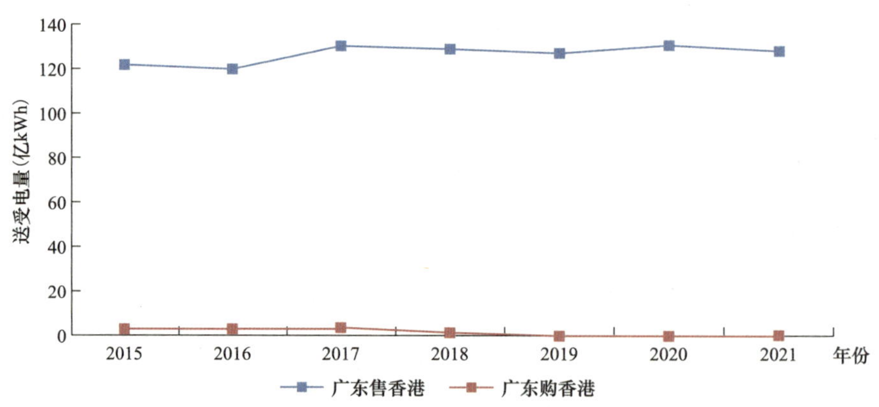

图 3-21　2015—2021年南网与香港送受电量

2021年，广东售澳门51.92亿kWh，新增3.4亿kWh，同比增长7个百分点。“十三五”以来南方电网公司与澳门电网累计送受电量达322.4亿kWh左右，电力贸易形式全部为对澳售电。根据澳门特区政府官方统计数

据，2003—2004 年内地对澳售电量占澳门全社会用电量比重维持在 8%～11%的水平。2005 年以后，随着对澳供电通道的不断增加，对澳售电不断攀升，近年来每年售电量均在 50 亿 kWh 左右，对澳售电量占澳门全社会用电量比重保持在 85%以上。2015—2021 年南方电网与澳门送受电量如图 3-23 所示。

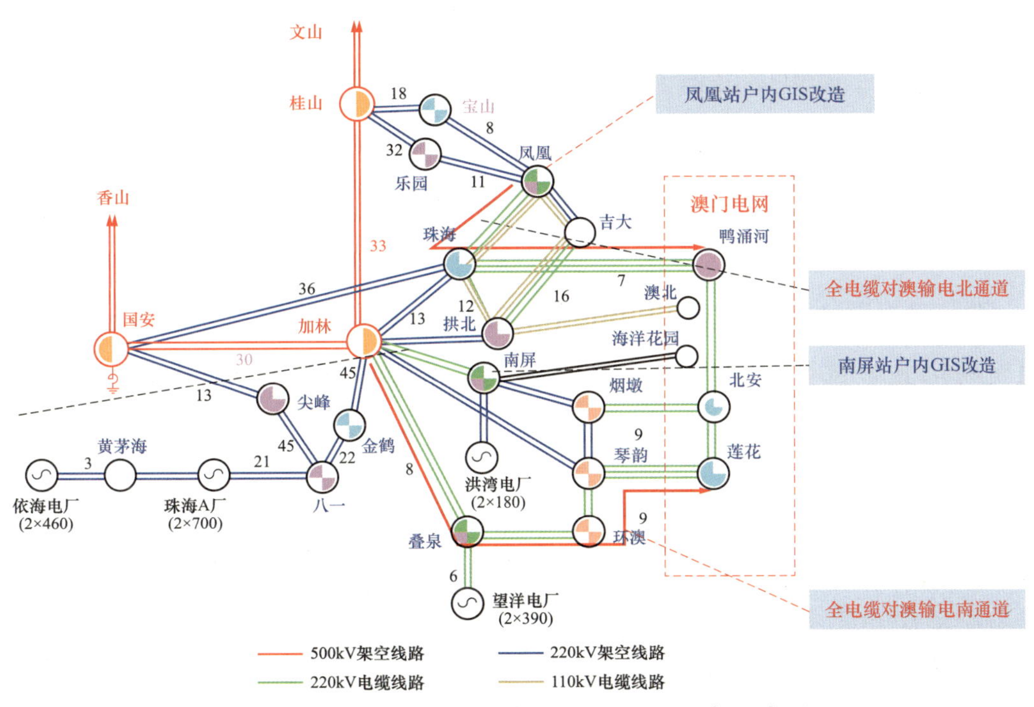

图 3-22　南方电网与澳门互联电网接线示意图

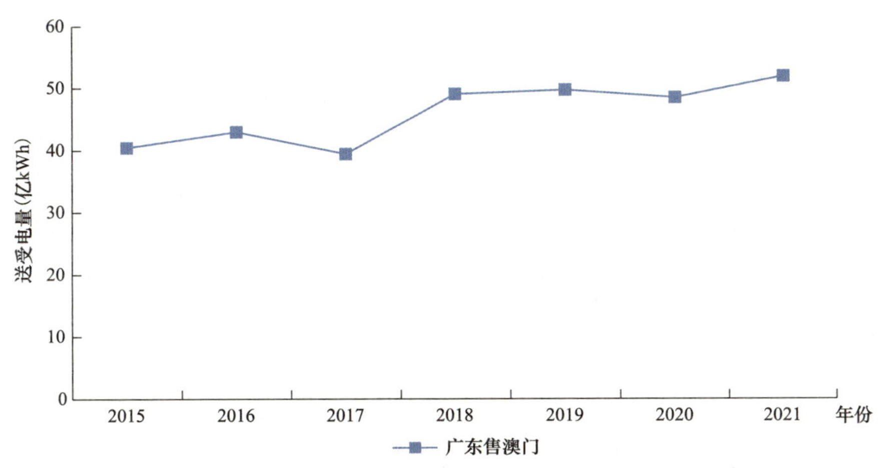

图 3-23　2015—2021 年南方电网与澳门送受电量

3.2.4.2 周边国家互联互通

截至2021年底，南方电网已形成14条与越南、老挝、缅甸相连的110kV电压等级及以上互联互通线路通道，其中在运线路9回，包括云南送越南3回220kV线路；云南送缅甸1回500kV线路、2回220kV线路和3回110kV线路。

(1) 越南。2021年，南方电网与越南电网电力贸易停止。2021年8月，越南电力集团提出恢复联网购电的需求。南方电网公司积极响应，于2022年1月完成第四阶段购售电协议签署，2022年4月，中国红河与越南老街220kV电力联网双回线路恢复运行，中越电力贸易全面重启。

"十三五"以来南方电网与越南电网累计送受电量约106.2亿kWh，电力贸易形式全部为对越售电。2015—2021年南方电网与越南送受电量如图3-24所示。

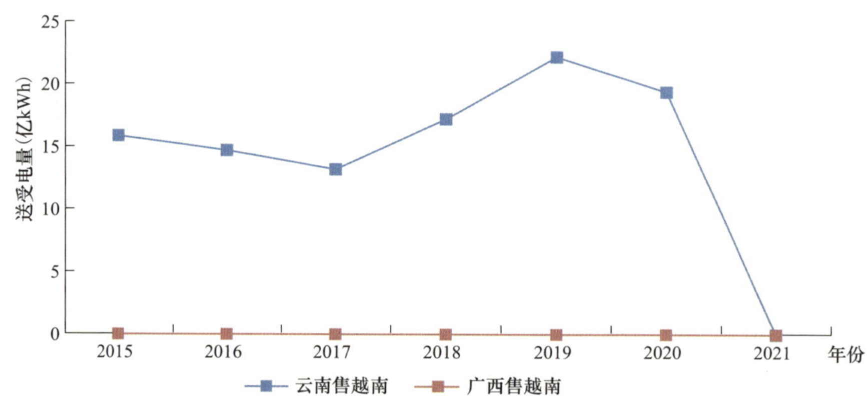

图3-24　2015—2021年南方电网与越南送受电量

(2) 缅甸。2021年，云南售缅甸电量5.8亿kWh，新增0.4亿kWh，同比增长7.4个百分点，云南购缅甸电量14.1亿kWh，下降1.3亿kWh，同比下降6.3个百分点。

"十三五"以来南方电网公司与缅甸电网累计送受电量约123亿kWh，电力贸易形式以缅甸水电回送为主、对缅北售电为辅。其中，云南售缅甸电量累计约19亿kWh，云南购缅甸电量累计约104亿kWh。2015—2021年

南方电网与缅甸送受电量如图 3-25 所示。

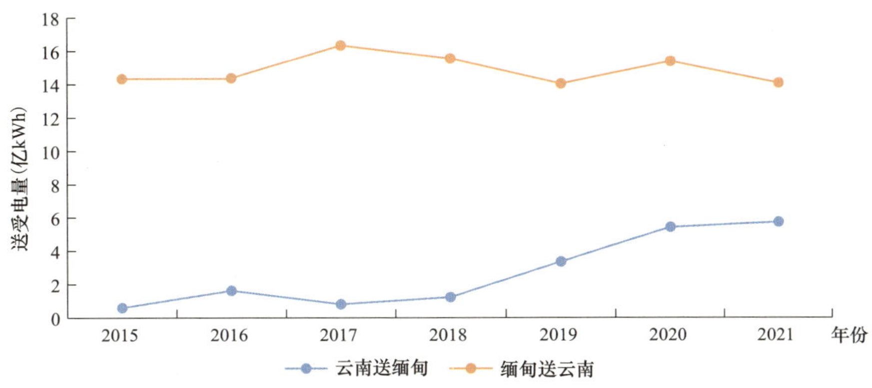

图 3-25　2015—2021 年南方电网与缅甸送受电量

（3）老挝。2021 年，云南与老挝互联线路退运后，南方电网与老挝电力贸易停止。“十三五”以来，南方电网累计向老挝售电量达 4.5 亿 kWh。2015—2021 年南方电网与老挝送受电量如图 3-26 所示。

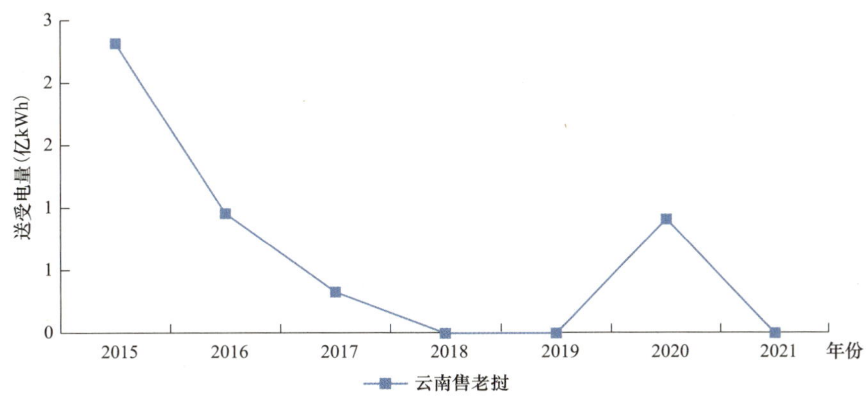

图 3-26　2015—2021 年南方电网与老挝送受电量

3.3　电网二次系统

3.3.1　调度自动化

3.3.1.1　系统配置情况

网级主站方面，截至 2021 年底，南方电网网级 OS2 主站已配置 195 个模块，应选模块配置完成率达到 100%。2021 年 12 月，网级备调完善建设工程竣工，备调基础设施完成改造，调度云同城备节点、13 套专业系统建成投运，实现对调度、方式、水新、保护、通信、自动化、网安等各专业核心业务系统的备份，进一步提升网级主备调同步值班、快速切换技术支持水平。

省级主站方面，截至 2021 年底，省级主站 OS2 系统应配模块总数 972 个，已建设模块 958 个，应选模块配置总体完成率为 98.6%，同比提高 0.8 个百分点。

地级主站（主网）方面，截至 2021 年底，地级主站 OS2 系统应配模块 7636 个，已建设应选模块 6662 个，应选模块配置总体完成率为 87.2%，同比提高 0.3 个百分点。

3.3.1.2　厂站配置情况

500kV 及以上厂站方面，截至 2021 年底，厂站 OS2 系统应配模块 21 792，已建设模块 20 482 个，应配模块完成率为 95.4%，同比提升 2.2 个百分点。500kV 及以上变电站及电厂监控系统覆盖率、远动配置率、远动双机配置率、同步相量测量装置配置率、UPS 覆盖率、时间同步系统覆盖率均为 100%。

220kV 厂站方面，截至 2021 年底，厂站 OS2 系统应配模块 95 371，已建设模块 89 453 个，应配模块完成率为 93.8%，同比提升 1.5 个百分点。220kV 变电站监控系统覆盖率、远动配置率、远动双机配置率均为 100%；共 144 座 220kV 变电站配置同步相量测量装置（PMU），覆盖率为 69.2%，同比提升 2.7 个百分点，PMU 应配厂站配置率为 100%。

110kV 厂站方面，截至 2021 年底，厂站 OS2 系统应配模块 353 340，已建设模块 337 538 个，应配模块完成率为 95.5%，同比提升 3.4 个百分点。110kV 变电站远动配置率为 99.8%，远动双机配置率为 98.8%；110kV 变电站 UPS 覆盖率为 99.7%，其中共有 3174 座变电站实现 UPS 双机冗余，占比为 80.5%；110kV 电压等级变电站均纳入主站 AVC 统一调节，覆盖率为 100%。厂站 OS2 自动化厂站端模块覆盖统计见表 3-4。

表 3-4 厂站 OS2 自动化厂站端模块覆盖统计

序号	名称	应配模块	已建设模块	2021 年完成率(%)	2020 年完成率(%)	同比增长率(%)
1	500kV 及以上厂站	21 792	20 482	95.4	93.2	2.2
2	220kV 厂站	95 371	89 453	93.8	92.3	1.5
3	110kV 厂站	353 340	337 538	95.5	92.2	3.3

3.3.1.3 调度云平台建设情况

2018 年，南方电网便与阿里云合作，率先搭建起电网系统的“大脑中枢”——调度云平台。当前南方电网公司正在有序推进“两地三中心”调度云平台建设，支撑全网调度业务按需逐步上云。截至 2021 年底，南方电网已有 100 多套业务系统迁移至调度云平台。2021 年 8 月，基于南网调度云平台的超算平台在南方电网上线。该平台由南方电网公司与阿里云共同合作建设，采用阿里云自主研发的飞天云操作系统和神龙超级计算集群，每秒钟可进行 825 万亿次浮点运算，每节点计算能力较普通云服务器提升了 5 倍，算力还可随时加强或收缩，灵活适应电网的实际业务变化。超算平台的精细化数值天气预报系统台风模式也已投入使用。在 2021 年第 7 号台风“查帕卡”中，该模式平稳运行，有效支撑了电网在台风天气的应急指挥工作。

3.3.1.4 系统运行情况

近年来，南方电网公司调度运行情况良好，各项指标稳步提升。2021 年，南方电网 SCADA 系统未发生主站失灵事故，主站系统可用率、远动装置可用率、远动系统可用率、事故遥信反映正确率等指标基本达到 100%。主站 AGC 功能可用率、遥控正确动作率也维持在 99%以上。南方电网 SCADA 系统运行指标统计如表 3-5 所示。

表 3-5 南方电网 SCADA 系统运行指标统计表

指标	2015 年	2016 年	2017 年	2018 年	2019 年	2020 年	2021 年
主站系统可用率（%）	100	100	100	100	100	100	100
远动装置可用率（%）	99.998 5	99.998 3	100	99.999	99.999 9	99.999 9	99.999 5

续表

指标	2015年	2016年	2017年	2018年	2019年	2020年	2021年
远动系统可用率（%）	99.999 5	99.998 3	99.999	99.999	99.999 8	99.999 9	100
主站AGC功能可用率（%）	100	100	100	100	100	99.89	99.8
事故遥信反映正确率（%）	100	100	100	100	100	100	99.999
遥控正确动作率（%）	100	100	100	100	100	99.51	99.26
调度自动化主站系统失灵次数（次）	0	0	0	0	0	0	0

3.3.2 继电保护及安全自动装置

3.3.2.1 继电保护

截至2021年底，南方电网公司调管范围内交流系统中，220kV以上保护装置37 715套，新增1104套，同比增长3个百分点。其中500kV系统有9221套保护装置，同比增长3.7%。220kV系统有28 494套保护装置，同比增长2.8个百分点。南方电网500及220kV保护装置规模如图3-27所示。

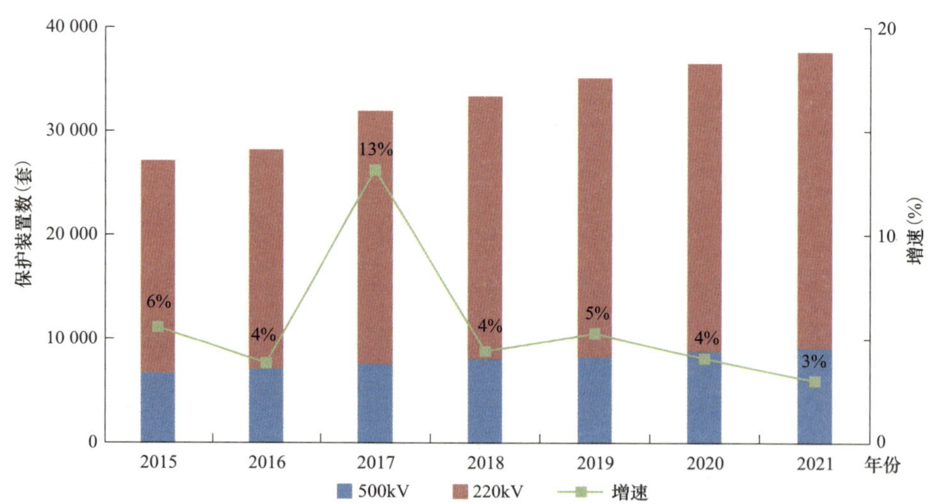

图3-27　南方电网500及220kV保护装置规模情况

近年来，南方电网继电保护装置及其管理水平的不断提升。220kV及以上系统继电保护装置正确动作率稳定在99.9%以上。220kV及以上系统

继电保护装置动作统计如表 3-6 所示。

表 3-6　　220kV 及以上系统继电保护装置动作统计

指标	2015 年	2016 年	2017 年	2018 年	2019 年	2020 年	2021 年
动作次数（次）	18 265	19 641	17 559	20 001	15 318	13 932	14 285
正确动作率（%）	99.92	99.93	99.95	99.94	99.95	99.95	99.94

3.3.2.2　安全自动装置

截至 2021 年底，南方电网安全稳定系统共有稳定控制装置 7309 套，其中电力系统稳定控制装置 1124 套，电力系统自动解列装置 439 套，自动低频低压减负荷装置 2083 套，自动联切消除设备过负荷装置 41 套，频率越限切机装置 311 套，备用电源自动投入装置 3065 套，综合安全自动装置 246 套。南方电网的安全自动装置规模情况如图 3-28 所示。

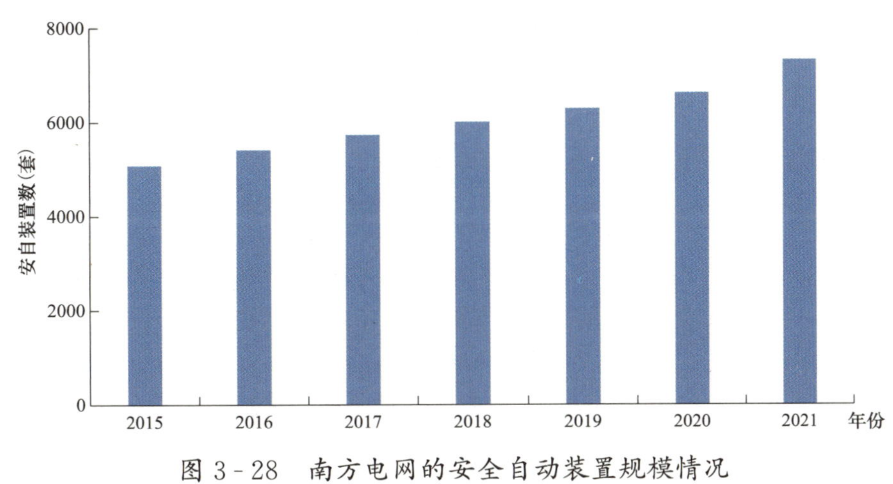

图 3-28　南方电网的安全自动装置规模情况

近年来，南方电网装备技术以及管理的精益化水平不断提高。110kV 及以上安全自动装置正确动作率维持在 99.6%以上，运行情况良好。南方电网 110kV 及以上安全自动装置动作统计如表 3-7 所示。

表 3-7　　南方电网 110kV 及以上安全自动装置动作统计

指标	2015 年	2016 年	2017 年	2018 年	2019 年	2020 年	2021 年
动作次数（次）	629	519	449	577	1133	1128	927
正确动作率（%）	100	100	99.78	99.65	99.65	99.82	100

3.3.3 电力通信

截至 2021 年底，南方电网全网光缆线路总里程 273 786km，同比增长 11 个百分点，35kV 以上厂站光缆覆盖率达到 91.04%，南方电网光缆线路总里程情况如图 3-29 所示。全网生产实时控制业务通信通道共计 27 925 条，其中承载线路保护通信通道 13 550 条、稳定控制业务 2048 条、自动化 EMS 业务 12 327 条；承载信息节点 14 713 个；调度电话专线 18 004 条、行政电话专线 177 994 条；提供视频会议会场 3800 个。

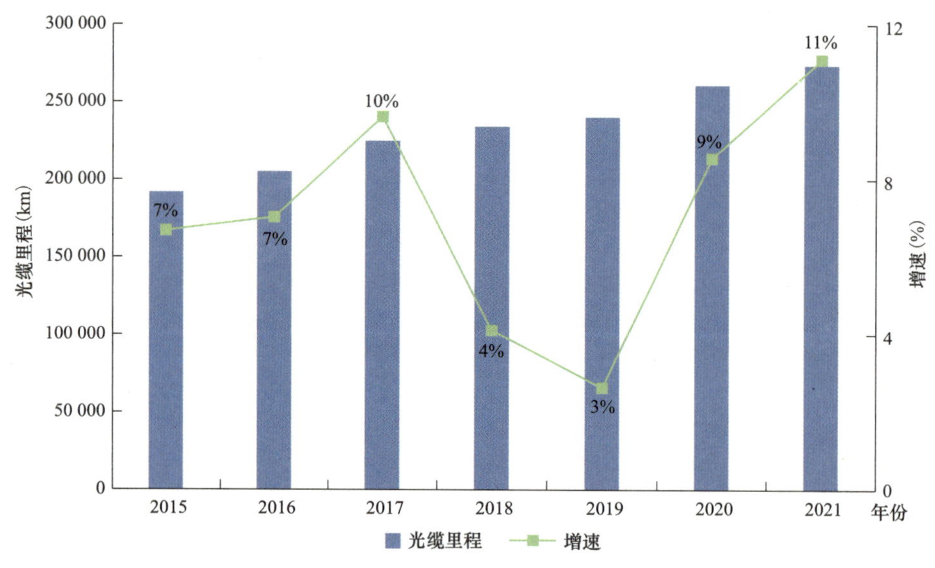

图 3-29 南方电网光缆线路总里程

网络覆盖率方面，南方电网 35kV 以上厂站光传输网覆盖率达到 90.6%，同比增长 1.2 个百分点；35kV 以上厂站调度数据网覆盖率达到 94.1%，同比增长 11.6 个百分点；35kV 以上厂站综合数据网覆盖率达到 84.76%，同比增长 0.46 分百分点。南方电网 35kV 以上厂站光传输网覆盖率、35kV 以上厂站调度数据网覆盖、综合数据网覆盖率分别如图 3-30～图 3-32 所示。

近年来，南方电网通信网络运行水平和业务保障水平不断提高，设备故障率明显减少，多项业务保障指标和设备运行指标逐年优化。一、二级视频

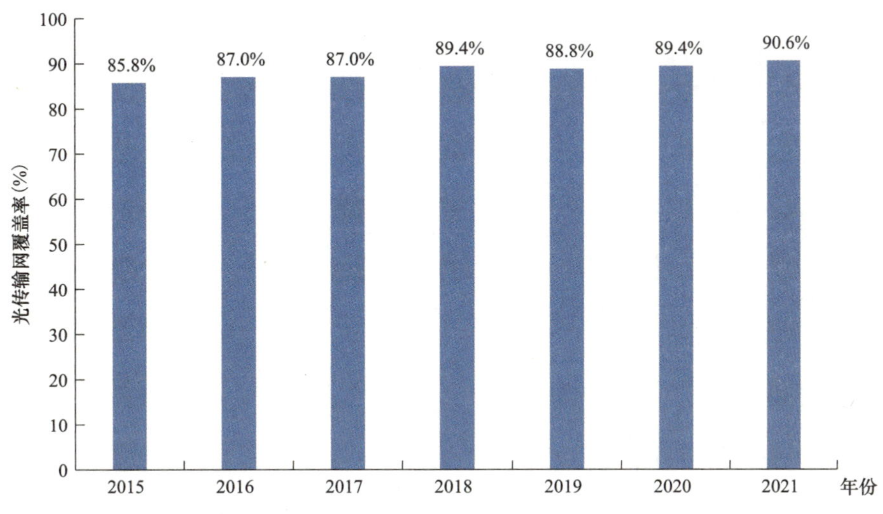

图 3-30 南方电网 35kV 以上厂站光传输网覆盖率

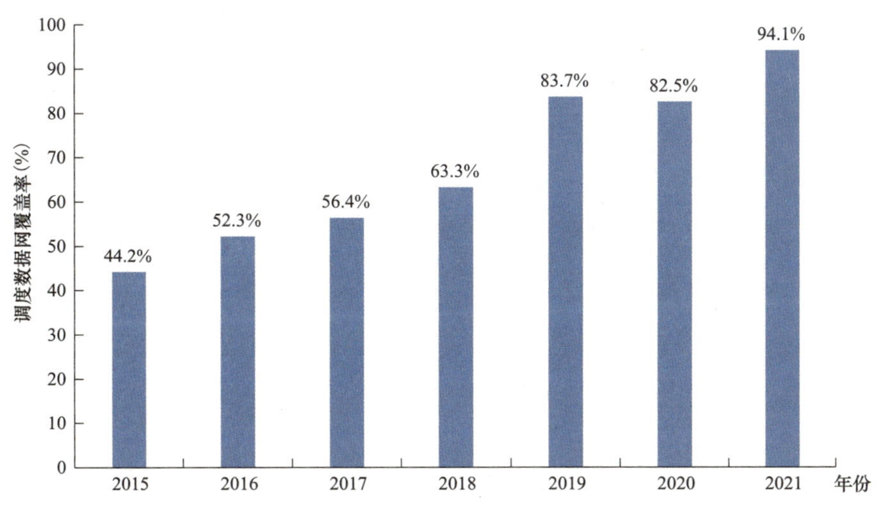

图 3-31 南方电网 35kV 以上厂站调度数据网覆盖率

会议保障率和紧急缺陷消除率接近 100%。220kV 及以上生产实时控制业务通信通道平均中断时间大幅下降，从 2015 年 21.24 分钟/条，降低到 2021 年 0.04 分钟/条。南方电网通信网络运行指标统计如表 3-8 所示。

表 3-8 南方电网通信网络运行指标

年份	2015	2016	2017	2018	2019	2020	2021
220kV 及以上生产实时控制业务通信通道平均中断时间（分钟/条）	21.24	12.78	5.10	0.78	4.02	0	0.04

续表

年份	2015	2016	2017	2018	2019	2020	2021
信息业务节点平均中断时间（分钟/个）	0.027	0.599	0.019	0	0.044	0	0.179
一、二级视频会议保障率（%）	99.990	99.997	99.996	99.998	99.994	99.998	99.997
紧急缺陷消除率（%）	100	100	100	100	100	100	100

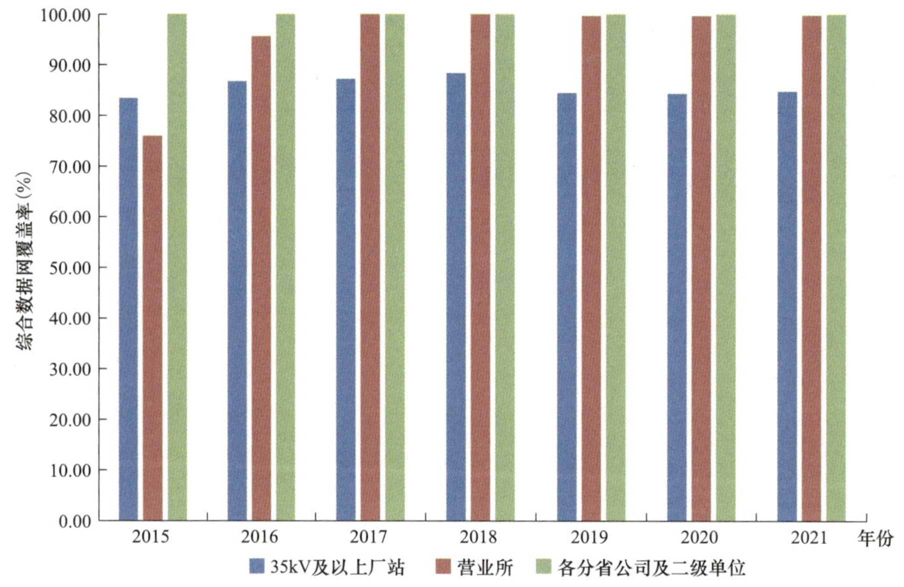

图3-32　南方电网综合数据网覆盖率

3.4　数字电网建设

3.4.1　南方电网公司推进数字化转型举措

南方电网公司加快数字化转型步伐，助力新型电力系统建设。2021年1月，南方电网公司启动数字化转型和数字电网建设促进三商转型研究。2021年5月，举办数字电网推动构建新型电力系统专家研讨会。2021年7月，发布《南方电网公司数字化转型和数字电网建设促进“三商”转型行动方案》。2021年11月，参加“首届数字政府建设峰会成果展”，充分展示以数

字电网助力数字政府建设相关成果。2022 年 3 月，发布《南方电网公司“十四五”数字化规划》，将进一步把数字技术作为核心生产力，按照“巩固、完善、提升、发展”的总体策略推进数字化转型及数字电网建设可持续发展，推动电网向安全、可靠、绿色、高效、智能转型升级。南方电网公司数字化技术和业务发展沿革关键节点如图 3-33 所示。

图 3-33　南方电网公司数字化技术和业务发展沿革

3.4.2　数字技术平台建设情况

3.4.2.1　云数一体数字技术平台

（1）全域物联网。根据数字化转型和全域物联网建设方案的工作要求，以业务需求为导向，以“提质增效”为目标，南方电网公司搭建了以感知层、网络层、平台层、应用层为主体的全域物联网总体架构，各层之间相互协同，形成有机整体，如图 3-34 所示。对内实现对电网状态的全面实时感知，支撑属地化的实时操作和业务响应，促进云边端的全面协同；对外跨越物理电网边界，丰富数据采集来源，为实现价值链的延伸提供有效手段。

截至 2021 年底，南方电网公司通过建成全网统一的物联网平台，实现亿万级终端便捷接入、终端互联互通。完成发输变配等 10 个业务领域共 81.57 万台终端接入物联网平台，累计采集数据 195.28 亿条，累计支撑电网生态合作伙伴应用物联网平台62个。

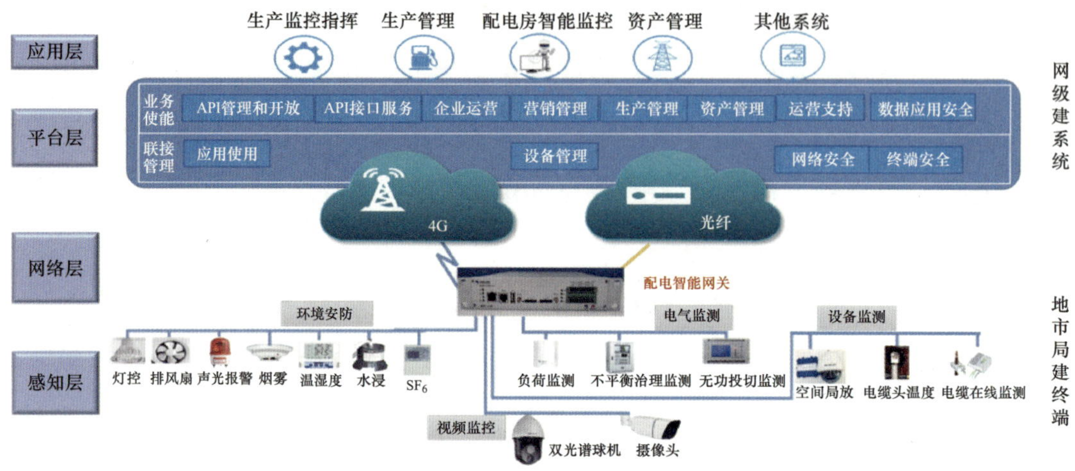

图3-34　广域物联网平台架构

（2）南网云。南网云平台作为数字南网建设的重要基础平台之一，根据南方电网公司战略转型发展要求，构建以基础设施（IaaS）、基础服务（PaaS）和云管理平台3大部分为核心的南网云平台架构（如图3-35所示），全面支撑南方电网公司四大业务平台建设和运行，引领从传统电网向数字电网转型和变革。

截至2021年底，一是建成全网一体的通用算力为主的“南网云”，为数字化转型提供了规模化算力支持，支撑南方电网公司内部用户30万人及外部用户上亿人。二是基于云原生平台，提供支撑应用敏捷创新的基本底层架构。三是稳步推进公有云为基础支撑平台的能源云网生态服务平台建设，支撑能力与价值输出。目前已累计实现28个云服务组件上线向业界公开了南网公有云的战略定位、功能特性及发展规划，并面向供应链、产业链等用户开展点对点拓展工作。

（3）人工智能平台。为贯彻国家关于发展人工智能的战略部署，南方电网公司启动全网统一的人工智能基础平台的建设工作，围绕“数据、算法、算力”三大核心要素，构建“云一边一端”协同的全栈式人工智能平台。

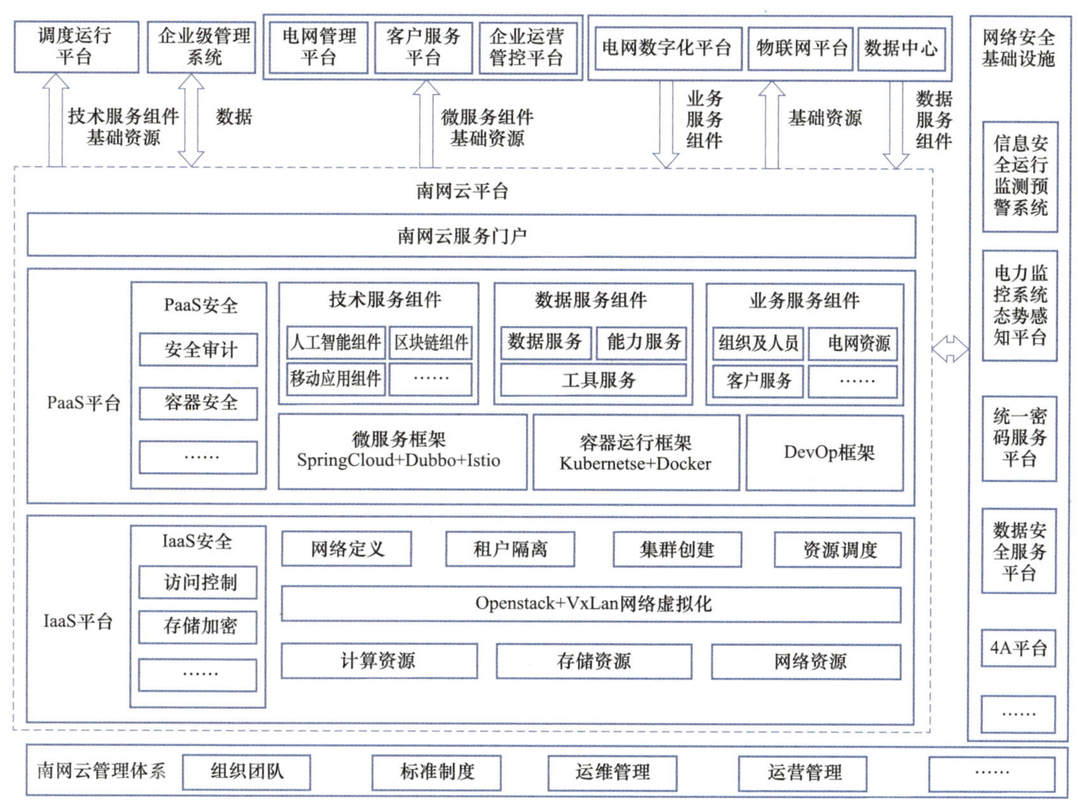

图3-35 南网云平台技术框架

截至2021年底，一是在输电场景方面，开展主配网输电线路智能机巡场景建设，实现对主配网输电线路无人机自动巡检及机巡缺陷图像智能识别。二是在变电场景方面，支撑变电运行支持系统开展云边端协同的变电站智能巡检场景建设，实现对变电站的仪表仪器、隔离开关、刀闸设备等的智能巡视、操作和安防。三是互联网客户服务方面，人工智能平台对接并输出OCR（文字识别）类组件能力，实现身份证、银行卡等信息快速准确识别录入，目前已调用OCR类组件超400万次。四是在负荷预测场景方面，以广东珠三角某市为例，通过基于人工智能技术的负荷预测，可将误差降低到3.5%，旋转备用煤耗可降低37.5%，每年降低标准煤耗达232.3万t。

（4）区块链平台。南方电网公司积极响应国家区块链战略，从2017年开始布局区块链技术领域。

截至2021年底，建成能源行业首个基于自主可控国产区块链共识算法和加密算法的区块链平台，由 1 个主节点（公司总部）+9 个分节点（各省级公司、广州供电局）组成，重点实现与财务金融、电力交易、统一门户网站及供应链域的应用场景支撑，有效提高数据安全和质量。

（5）大数据中心。南方电网公司按照将数据中心由“旁站式”向“底座式”的总体思路，围绕数据供应链过程，开展数据中心各项能力建设。数据中心定位于各业务平台的基础数据底座，满足南方电网公司各层级业务对数据应用的全栈式需求。云数一体的分布式数据中心采用先进的混合事务分析处理总体技术架构，建成可靠、高效、稳定的数据能力。

现阶段，数据中心已引入先进技术和成熟组件产品，打造了云数一体的统一数据技术体系，率先实现了数据中心资源管理弹性化、模型设计管控统一化、事务型和分析型数据管理一体化、海量异构多频数据计算实时化、数据供给服务化的“五化”技术特性，实现了业内领先的采集、建模、存储、计算和服务全栈式技术能力。

数据中心建设总体思路如图 3-36 所示。

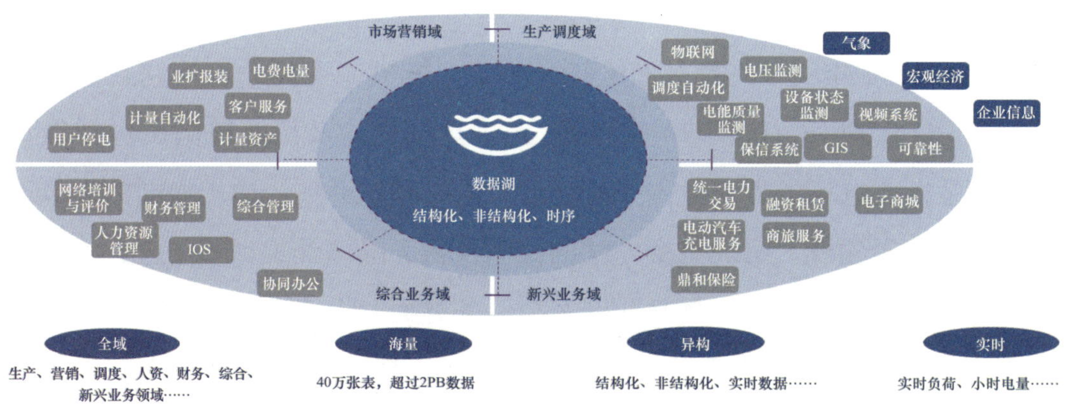

图 3-36　数据中心建设总体思路

3.4.2.2　企业中台

南方电网公司以共享服务理念为核心，打造以共享为核心的电网数字化平台，沉淀数字化资产，以数据驱动业务变革，以业务反哺数据资产，实现以“业务协同+数据共享”双轮驱动，面向前端业务平台，以统一化、标准

化的共享服务，助力业务应用的快速构建与优化迭代，支撑电网业务数字化运营与创新。

业务、数据共享服务方面，当前初步形成了设备中心、合同中心、项目中心等7大中心、23大服务库的360项业务共享服务、680项数据服务，形成了为跨业务领域的业务活动提供通用、标准、可共享的共享服务的能力。

技术共享服务方面，有效解决应用之间的架构重复实现，技术无法统一，资源成本浪费的问题，一站式应用全生命周期管理、保障技术组件全天候可复用、统一管理企业API，为企业共享服务提供强有力技术支撑。

共享服务管理平台方面，一方面为服务开发者提供强大的自助式服务构建工具，打造持续交付能力，另一方面为服务管理者提供可视化的服务管控工具，打造数据资产平台化、数字化运营能力，未来最终实现共享服务可视、可管、可控、可优。

3.4.2.3 网络安全体系

（1）网络安全态势感知平台。自2017年起，南方电网公司启动了全网网络安全态势感知系统的技改建设工作，电力调度控制中心引入外部威胁情报，建成了外部安全威胁情报子系统，强化升级系统对网络行为检测能力和安全漏洞检测能力，通过搭建了人工智能技术，建立了电力监控系统的网络安全基线，通过建设大屏展示系统，满足了电力监控系统网络安全风险可视化直观展示的需求。

截至2021年底，态势感知采集装置已在南方电网网省地实现全覆盖推广应用，该成果已同步推广至华能、华电、大唐等发电集团，对南方区域电厂实现全覆盖目前产品已向轨道交通、航天航空、化工、互联网4个行业进行规模输出。

（2）信息安全运行监测预警系统。南方电网公司于2018年组织开展面向数字电网一体化网络安全运行体系的探索与建设，重点开展面向数字电网一体化网络安全运行监测预警的关键技术研究，研制一套信息安全运行监测预警系统，实现网络安全运行态势全监测、安全运行业务全集成和全数据分析的目标，形成了一体化网络安全运行运营能力，有力支撑了数字化转型。

现阶段，在经济效益方面，成果应用后可实现态势监测与自动化威胁处置，一年可节约人力成本750万元。在社会效益方面，自本平台以来，未出现影响公司品牌形象的网络安全事件。在技术成效方面，构建了全方位、全天候、全过程、全覆盖的体系化整体保障能力，构建了一体化信息安全运行监测预警体系，形成了面向互联网威胁的动态防御体系。

（3）4A平台。南方电网公司以安全支撑和业务需求为导向，遵循“统一建设、协同推进、分步实施、强化应用”的原则，以用户身份集中管理的思路为核心，建立全局唯一的权威身份信息源，在一点集中管理用户身份和权限，从而降低管理成本。截至2021年底，4A平台已为30万员工及20万供应商提供登录认证服务。

（4）统一密码服务平台。统一密码服务平台基于密码技术为南方电网公司存量及新建网络和信息系统提供国产密码进行保护，做到密码技术与信息化建设“同步规划、同步建设、同步运行”，并进行密码国产化改造，实现国产密码技术与新业态、新技术应用场景融合，实现密码技术与数字电网建设深入融合。

截至2021年底，统一密码服务平台已完成包括互联网客户服务平台、4A平台等系统在内的508个系统的对接，覆盖10个密码场景，共计664个业务模块接入数据加解密、数字摘要等典型密码应用场景。

（5）安全服务平台。南方电网公司基于所有数据统一安全防护治理思路，建立数据安全服务平台，对南网总部数据在采集、传输、使用、共享、存储、销毁等环节实施统一安全管控，并通过建立南北向接口标准，能够纳管包括数据安全组件等相关的安全设备/软件，从而实现数据安全统一策略下发及管理。

截至2021年底，安全服务平台已为南网在线、南网智瞰、数据中心等重要系统提供数据安全防护能力。

3.4.3 电网数字化应用情况

3.4.3.1 输电数字化

数字输电建设重点开展了三维数字化通道建设、无人机自主巡检、智能终端应用等技术创新引领，制定了数字输电总体框架，聚焦输电设备本质安全，以数字技术推动传统输电线路升级，用好存量数字装备，做好增量数字装备规范化管控，提升装备智能化、实用化水平，全面升级生产域业务支撑平台，加强生产域数据资产管理，深入挖掘数据价值，以数据要素实现业务管理模式变革，全力实现生产域业务数字化，推动数字电网建设，支撑电网安全稳定运行和智慧生产管理。

3.4.3.2 变电数字化

智能变电站技术探索从智能巡视、智能操作、智能安防和信息建模四个维度全面覆盖日常运维各方面工作，推动南方电网公司向“装备智能化、运行智慧化”转型升级，打造一张安全、可靠、绿色、高效的智能电网。

目前全网范围内从基建、生技、调度各业务环节都在大力推进智能变电站的建设，从施工、生产、运维各维度开展智能化改造，智能化范围覆盖设备本体和外界环境，实现变电站资产全生命周期中数字化转型全覆盖。

3.4.3.3 配电数字化

基于南方电网公司“4321”数字化转型的架构，围绕电力物联网平台，打造“云－管－边－端”的应用＋平台＋智能网关＋传感终端一体化数字配电网综合解决方案，加快建立一套网级统一的现代化智能配电技术体系、加快建设“安全、可靠、绿色、高效、智能”的现代化配电网，以解决现有配电网点多面广，体量巨大，存在终端设备功能单一、系统平台相互独立、数据模型互不兼容、信息服务无法共享等突出问题，作为供电服务的“最后一公里”，降低基层运维难度和提升末端供电服务质量。

2020年起，已在全网全面执行，在南方电网公司65个地市局率先形成一批示范性项目。截至2021年底，已建成V3.0智能配电房（智能台区）2900个，目前在建智能配电项目15 390项，项目陆续投产后，将初步形成规模化效应。

3.4.3.4　用电数字化

打造以数字化技术为核心驱动力的需求侧管理平台，通过物联网关，接入传感设备，实现数据全采集，再依托全域物联网平台实现与网关的双向数据传输，将数据信息化并进行有机互联、融合，面向不同应用场景，实现各类高级应用功能（如图3-37所示）。现阶段，用电数字化已有多项实际应用，例如：

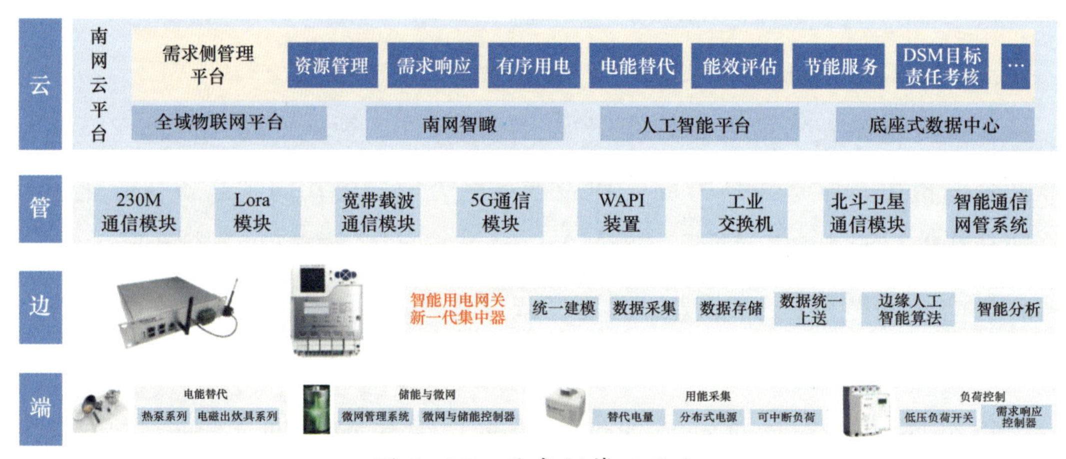

图3-37　需求侧管理平台

微电网工程方面，利用“双PCC节点控制+储能开关站3/2断路器接线方式+储能技术”，通过中央控制系统实现10kV线路微电网的多层级、多目标自平衡调节。

智慧园区管理平台方面，运用物联网、大数据等先进技术，以新工业时代生产制造业节能、高效、智慧的核心诉求为基础，以系统平台的形式对生产、运营、维护过程的各环节进行实时数字化监控管理。

3.4.3.5　电网运行数字化

通过电网运行数字化建设，支撑调度开展运行策划、运行监视、运行指挥、运行调控、运行防误等全流程数字化提升，在保障电网安全稳定运行情

况下，通过数据驱动、AI 赋能、业务流程贯穿协同等手段，进一步提升电网安全运行水平和工作实施效率。

调度运行应用架构图如图 3-38 所示。

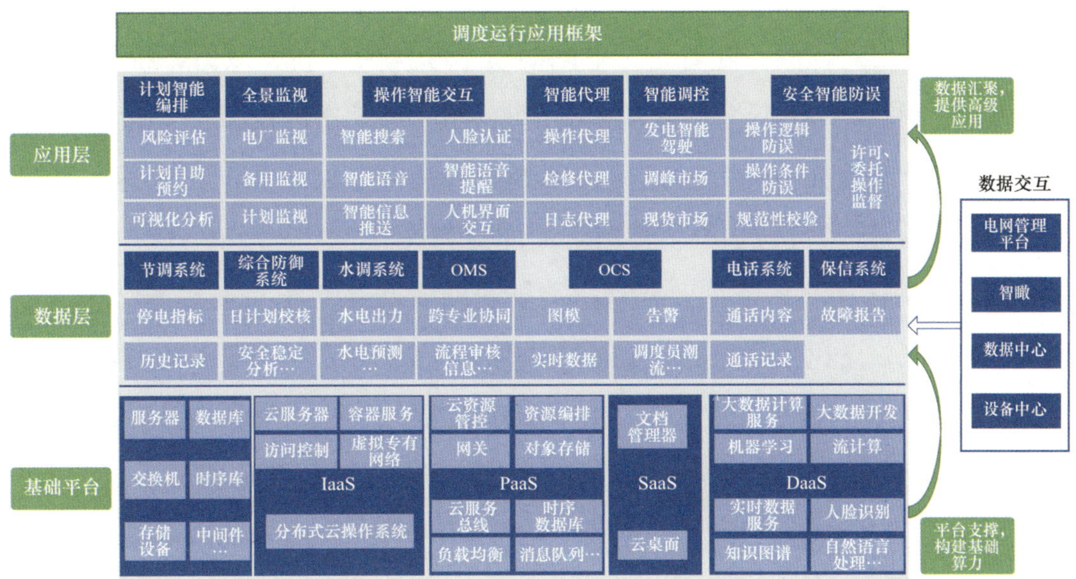

图 3-38 调度运行应用架构图

3.4.3.6 源网荷储互动数字化

（1）节调系统数字化。南方电网调度控制中心从 2010 年就开始进行节能发电调度技术系统建设，经过不断升级改造，改变过去通过手工编制计划到通过系统实现计划自动编排，打通和各中调节调系统的纵向交互通道，提高计划编制工作运转效率和电网资源优化配置的水平，推动节能发电调度技术支持系统向数字化迈进。

（2）云超算平台。南网调度云超算平台建设工作从 2020 年 12 月 15 日启动，历经 140 天，期间经历了两次大规模硬件适配和两次云平台的大版本升级工作，在 2021 年 5 月初按期交付首批 60 台裸金属服务器，支撑了现在的 9km 台风模式，2021 年 6 月底顺利将集群扩容到 196 台。

（3）数据管理及计算分析平台。围绕南方电网公司计算数据的规范化管理、计算分析精度、效率及智能化程度的全面提升等方面开展相关研究，建立基于云计算共享的电力系统智能化数据管理及计算分析平台，包括电力系统设备参数及动态模型的管理、电力系统智能高效仿真计算两个子平台。平台支持全网的数据模型编辑与溯源，支持50个用户同时登录，并发计算任务数超过1000个机电暂态计算任务，并在5分钟内完成。

（4）AI负荷预测。随着南方电网规模不断扩大，新型电力系统的建设，以及经济、气象、行业、节假日影响的增加，负荷分析及预测难度不断增加。AI负荷预测从影响因素挖掘、预测技术提升、层级协同机制等方面进行深入研究，推动负荷预测工作的全面加强和提升。

现阶段AI预测系统每天准时稳定推送网省两级系统负荷预测结果。截至2021年底，全网五省一市AI预测准确率：全网97.90%、广东97.50%、广西97.50%、云南97.95%、海南96.80%、贵州97.40%、深圳97.40%，预测效果达到人工预测水平，负荷分析支持系统已在总调侧试运行。

3.5 电网技术创新

（1）含氟烯烃环保气体绝缘电气设备。含氟烯烃环保绝缘气体安全无毒，温室效应不到六氟化硫的千分之一，可广泛适用于各种中高压气体绝缘设备，应用于电网、高铁、地铁、化工等行业。2021年2月，南方电网公司成功研制国内首台40.5kV新型含氟烯烃环保气体绝缘电气设备并一次性通过试验，标志着我国在环保气体绝缘技术领域形成了全新的自主技术路线，打破了国外在绝缘替代气体行业的垄断地位，实现相关产品的国产化，对促进国内气体绝缘设备升级换代具有重大意义。

（2）10kV三相同轴高温交流超导电缆型式。2021年1月，国内首条10kV三相同轴高温交流超导电缆型式试验成功。深圳供电局研制的三相同轴高温交流超导电缆，是目前国内结构型式最紧凑、带材用量最少、研发难度最大的超导电缆，系统性解决了三相同轴超导电缆总体设计、低温杜瓦管连续焊接成型、失超保护研制、电磁环网高可靠性运行方式等核心技术难

题，实现了关键技术自主可控，填补了相关国内技术空白。此外，该项目首次研发并使用国产大冷量 GM 制冷机、国产第二代高温超导带材和国产化超导电缆生产线等，实现关键装备 100%国产化。未来有望“一揽子”解决电网建设用地难、电网负荷需求持续增长、城市输配电走廊趋于饱和等诸多问题和挑战。

三相同轴高温交流超导电缆型式试验现场如图 3-39 所示。

图 3-39　三相同轴超导电缆型式试验现场

（3）变电站户外蒸汽热源带电除冰装置。2021 年 1 月，云南电网公司自主研发的国内首个变电站户外蒸气热源带电除冰装置，在 500kV 喜平变电站、220kV 尖山变电站投入使用，仅半小时即解决直流融冰装置隔离开关因覆冰严重无法分合的难题。该装置采用绝缘性能极佳的超纯水过热蒸汽进行除冰，最大除冰高度约 12m，覆冰清除率达 90%以上，可满足 220kV 以下变电站户外设备除冰需求。装置设计了隔离开关、绝缘支柱、手持除冰等三种类型，可 360°旋转操作，满足变电站内常见覆冰情况下大部分除冰需求。同时，装置具备 30cm 的越障能力，爬坡能力高达 40°，可适应变电站内复杂工况。相较于传统人力机械除冰、带电热源除冰，该装置具有成本低、设备损伤小、除冰效果好、使用范围广等优势。

绝缘支柱除冰试验现场如图 3-40 所示。

图 3-40　绝缘支柱除冰试验现场

（4）国产化电力专用主控芯片“伏羲”。南方电网依托国家重点研发计划，基于国产自主 CPU 内核和境内代工封测技术，集中公司科研力量重点攻关，自 2019 年起先后在电网控制保护、自动化、新能源等多个电网关键场景对“伏羲”进行验证及应用，表现良好。经南方电网 5 年研制、多场景验证，国内首个基于国产指令架构、国产内核的电力专用主控芯片“伏羲”2021 年实现量产，标志着我国电力工控领域核心芯片从“进口通用”向“自主专用”转变，电力二次设备核心元器件做到了自主可控。

“伏羲”的综合性能是同类进口产品的 1.5 倍，安全性和网络风暴抵御能力是进口芯片的 60 倍。“伏羲”的成功研发及量产，可以彻底摆脱西方国家在知识产权方面的限制。对于国家电力能源和信息安全、工控领域科技自主可控具有重大意义。2022 年南方电网将逐步提高电网多领域场景新增设备的自主芯片覆盖率，实现国产工业控制芯片规模化应用，防范化解电网安全运行重大风险。

“伏羲”电力专用主控芯片如图 3-41 所示。

（5）基于自主免疫能力的国产芯片保护装置。2021 年 3 月，全国首个基于具有自主免疫能力的国产 CPU 芯片保护装置示范应用工程在深圳 110kV 大铲湾变电站投运。目前电力终端 CPU 芯片依赖于国外技术，存在

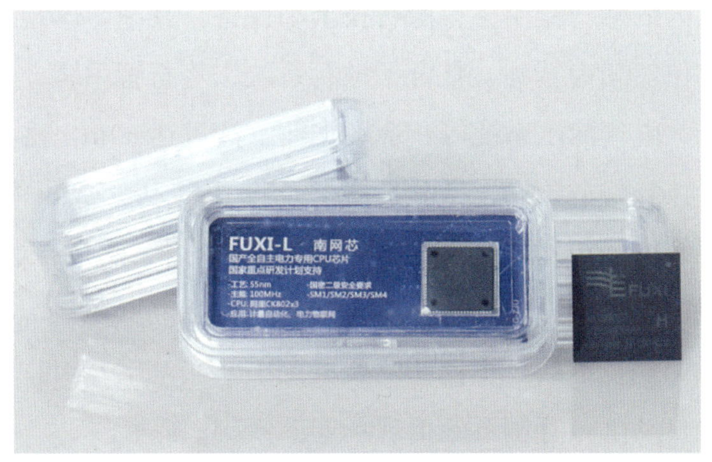

图 3-41 “伏羲”电力专用主控芯片

原生安全隐患；且电力终端具有安全防护盲点，难以识别和抵御多样化攻击，严重威胁电力系统的运行安全。深圳供电局承接“电力系统终端嵌入式组件和控制单元安全防护技术”国家重点项目，试点在110kV大铲湾站选用基于国产自研电力专用CPU芯片且具有自主免疫能力的10kV保护装置示范应用。该装置解决了电力系统自愈控制、主动免疫防护、抵御物理和网络空间双重攻击、开放环境下灵活接入、海量数据多维度安全保护、敏感业务实施可控等多个关键技术问题，将为解决变电站电力终端安全防护受到多重威胁提供可靠的技术保障，确保电力监控系统安全稳定运行。

（6）海底电缆落管抛石技术及设备。2021年4月，南方电网公司牵头完成海底电缆落管抛石技术及设备研究攻关，成功打破了国外技术垄断，实现深水域精准抛石，可满足我国绝大部分近海海底电缆、风电场的抛石保护施工需求，具有广阔的应用前景和良好的经济社会效益。

落管抛石是进行深水抛石的一种工程技术，可作为保证深水域线缆安全、处理线缆悬空裸露、增加管线保护等级的工程解决方案。由于水下作业难度大、施工技术复杂、精度要求严格、所需专业船舶设备门槛高。一直以来相关技术及设备被少数国外厂家垄断，不仅价格高昂且修复档期不定，经济和时间成本极高。为打破国外技术垄断，南方电网公司联合国内科研院所和企业，共同研究设计了包括落管抛石船、水下动力定位装置（抛石保护施工装置）等在内的整套专用落管抛石技术和设备。其中，落管抛石船以国内常见的动力定位船舶为基础，整合了抛石系统、落石管系统、水下机器人系统、绞车系统、电气液压系统等，最大作业水深可达 80m，落石误差不超过 2m，总体达到国际同类水平。相关技术及设备顺利完成了海南联网工程 500kV 福徐甲线海底电缆裸露悬空修复，这是国内首次自主完成的海底电缆落管抛石保护施工，为后续海底电缆抢修积累了宝贵经验，亦为未来国内海底电缆运维保护技术的自主创新发展奠定了坚实基础。

国内首次自动落石管抛石施工现场如图 3-42 所示。

图 3-42　国内首次自主落石管抛石施工现场

（7）500kV 站用绝缘子 RTV 智能喷涂机器人。2021 年 5 月，南方电网超高压公司牵头研制的国内首台 500kV 站用绝缘子 RTV（室温硫化硅橡胶）智能喷涂机器人正式应用于西电东送主网架检修工作，有效提升检修效率和安全性，在电网企业内有广泛的应用前景。

该机器人由升降平台车，物料系统，X、Y 轴水平机械手摆及臂开合式旋转喷涂以及清洗装置 4 大部分组成，通过对喷涂位置和喷涂工艺的精准控制，大大提高了喷涂效率和涂料利用率，有效防止喷涂过程中造成的散料污染；涂层的厚度、均匀度等质量指标均得到保障。目前该机器人已在高坡换流站 582 交流滤波器瓷瓶绝缘子检修现场成功应用，不到一个小时即独立完

成一串瓷瓶绝缘子全部清洗、烘干、喷涂工作。

绝缘子 RTV 智能喷涂机器人实物图如图 3-43 所示。

图 3-43 绝缘子 RTV 智能喷涂机器人实物图

(8) 自主可控网级运行控制系统。2021 年 4 月，南方电网网级 OCS（运行控制系统）通过出厂验收。本系统所有基础软硬件均采用自主可控产品，实现了核心 OCS 系统国产化全覆盖，填补了国内空白。OCS 作为电网调度控制核心系统，是电网安全、稳定运行的关键设备。此前，该类系统普遍采用的服务器 CPU、存储以及部分通用软件模块均由国外厂商垄断，核心系统的自主可控能力受到极大制约。南方电网公司组织国内多家合作单位，开展项目攻关和适配，完成了基于鲲鹏 CPU、达梦数据库、华为 OceanStor 存储、凝思 Linux 操作系统、南瑞继保 PCS9000 应用平台等产品的系统功能、性能以及主备调场景模拟切换测试，测试结果表明系统在实时性、稳定性、可靠性等方面均表现优异，实现了电网调度控制核心系统向全面自主可控的跨越。

(9) 第二代国产化气体绝缘金属封闭输电线路装备。2021 年 5 月，南方电网超高压公司联合中国西电集团等单位持续攻坚，研制出高可靠性的第二代国产化GIL（气体绝缘金属封闭输电线路）装备，完全摆脱了国外核心技术封锁，实现我国电力行业领域GIL国产化全替代。

GIL具有占地面积小、输送容量大、安全性高、电磁辐射小等显著优点，关键核心技术只有国外少数厂家掌握；因国外技术封锁，第一代GIL在运行中故障频发，严重制约电网的安全稳定运行。南方电网超高压公司牵头开展“500kV高可靠性GIL装备关键技术及工程应用”技术攻关，历时5年攻克了支柱绝缘子频繁炸裂与闪络等技术难题，填补了GIL及关键零部件试验检测标准的空白，提出了基于无线传感网络的多特征参量有机融合的GIL状态监测方法，提高了GIL隐患监测的灵敏度，全面掌握了GIL装备关键技术。研究成果在绝缘裕度、界面粘接强度、生产成本等关键参数，全面优于进口产品，达到了国际领先水平。目前第二代GIL设备在电网工程中得到规模化应用，运行状态良好，故障率为零，取得了良好的社会效益和经济效益。

（10）±800kV柔性直流穿墙套管。2021年6月，南方电网联合国内研发单位，成功研发出国内首支±800kV柔性直流穿墙套管，并在±800kV乌东德水电站送电广东广西特高压多端直流示范工程柳州换流站成功投运。

柔性直流穿墙套管是柔性直流输电工程的核心装备之一，是连接阀厅与直流场的关键装备，处于直流输电系统的“咽喉”位置，对于保障国家能源电力安全起着关键性作用。长期以来，国内超高压、特高压柔性直流穿墙套管完全依赖进口。南方电网、中国西电联合成立了涵盖电气、机械、材料等多专业多领域的技术攻关团队，协同攻关，攻克了柔直穿墙套管电气强度、温度分布、机械强度等关键核心技术和多项技术难题。经试验验证及产品鉴定，部分关键性能指标优于国外同类型产品，主要性能指标达到同类产品国际领先水平。国产±800kV柔性直流穿墙套管安装现场如图3-44所示。

（11）500kV经济型高压交流限流器。2021年6月，世界首台500kV/90千安经济型高压交流限流器顺利通过人工短路试验，限流效果达到预期

图 3-44 国产±800kV 柔直流穿墙套管安装现场

值，并在 500kV 广南站正式挂网试运行。该限流器是广州供电局牵头承担的国家重点研发计划项目成果。针对当前我国珠三角、长三角、京津冀等电网负荷中心短路电流超出现有断路器开断能力从而威胁电网安全稳定运行的问题，项目团队提出了基于高耦合分裂电抗器和罐式高压快速开关的交流限流器的解决方案，历时 3 年攻克了“大容量真空快速开断”“故障快速检测辨识”等技术难关，成功完成设备研制及试验。该限流器技术指标达到国际领先水平，填补了国内经济型交流超大短路电流抑制技术空白，可为电网负荷中心 500kV 及以上电压等级短路电流超标的安全隐患提供有效解决方案。500kV 经济型限流器试验运行现场如图 3-45 所示。

（12）220kV/240MVA 植物绝缘油变压器。2021 年 11 月，广州供电局成功建成国内电压等级最高、容量最大的植物绝缘油变压器——220kV/240MVA 植物绝缘油变压器正式带负荷投入运行，标志着我国在变压器绿色设计、制造技术领域再上新台阶。

目前我国变压器广泛使用的绝缘油为矿物绝缘油，其燃点低、生物降解性能差，发生泄漏还会对周围环境造成污染，难以满足未来对高防火性能、绿色环保的电气设备的制造要求。该植物绝缘油变压器的全寿命周期，即从材料选择、设计生产、运行维护及回收过程中均符合节能节材、低碳环保和可再利用要求。其中，设备核心材料天然酯绝缘油为自主研发，拥有自主知识产权，掌握全套生产配方与工艺，比矿物绝缘油具有更高的闪点燃点、更好的安全防火性，同时拥有优异的天然降解能力和更高的电气绝缘特性，还可以有效延长变压器绝缘材料的寿命；植物绝缘油 97%以上成分为植物油，28 天内可基本完全自然降解，设备负载能力和使用寿命均比传统的矿物绝缘油变压器高出 1.3 倍以上。此外，相对于矿物绝缘油，植物绝缘油在生产过程和寿命结束后处理过程中，耗能更低，二氧化碳排放更少。220kV 植物绝缘油变压器如图 3-46 所示。

图 3-45　500kV 经济型限流器试运行现场

图 3-46　220kV 植物绝缘油变压器

第 4 章

南方电网发展成效总结

4.1 安全可靠发展

电网运行风险管控能力进一步加强。2021 年，南方电网不断完善电力安全风险管控和隐患排查治理双重预防机制，做到重大风险可控在控，保持了南方区域电力系统运行稳定。贵州、广西坚持统一调度，实现兴义地方电网与百色地方电网解网，彻底避免了不受控的跨省电磁环网问题；组织各发电企业积极开展一次调频管理专项提升，显著提升一次调频合格率，提高电网安全稳定水平；大力推进保护、自动化设备超期服役改造工作，基本完成 500kV、220kV 一级特维厂站的改造任务；二次设备供应链安全得到有效管控，自主可控工作成效显著，中康、卓越、冠和站等全站自主可控示范工程建成投运，国内首套自主可控直流控制保护挂网试运行，网级备调、广西钦州地调等自主可控主站投入运行，500kV 厂站北斗授时全覆盖。

配电网网架结构日益完善。近年来，南方电网以典型接线为指导，加快主干网架建设，通过适当增加高压布点，标准配置导线截面，合理增加线路分段，合理设置线路联络，不断补强优化网络结构，构建强简有序、灵活可靠的配电网网架，有效解决供电半径和供电质量问题。截至 2021 年，南方电网高压配电网通过形成链式、环网等高可靠网架结构，中压配电网形成环网、多分段适度联络结构等方式，较大程度地优化配电网网架结构。典型接线率、$N-1$ 通过率、线路联络率不断提升，中低压线路供电半径不断下降。2021 年，10kV 可转供电率达到 78.52%，D 类 10kV 供电半径合格率 82.55%，C 类及以上 110kV 主变压器 $N-1$ 通过率 79.18%，C 类及以上 35kV 主变压器 $N-1$ 通过率 70%。

配电自动化规模不断扩大，覆盖率明显提升。截至 2021 年底，南方电网全网 10kV 公用馈线共 7.13 万回，配电自动化建设覆盖 5.91 万回的线路，覆盖率为 82.58%，同比提升 9.93 个百分点。三遥开关柜共 76 306 面，同比提高 29.66 个百分点。三遥柱上开关共 79 791 台，同比提高 27.68 个百

分点。三遥终端 174 067 套，同比提高 21 个百分点。配电有效自动化覆盖率显著提升，大幅度缩短用户停电时间。截至 2021 年底，南方电网配电自动化有效覆盖率达到 68.3%，同比提高 6.27 个百分点，配电网自动化实用化取得突出成效，全网共有 20 个地区通过实用化验收，配电网可观可控水平大幅提升，控制水平达到全国领先水平。深圳在全市推广主站集中式配电自动化自愈技术路线，实现用户年均停电时间小于 0.54h，达到国内一流水平；同时，在福田中心区差异化建设以智能分布式光纤纵差为核心的配电网高可靠技术路线，实现用户年均停电时间小于 2.5 分钟。广东中山建成双策略智能分布式配电自动化系统，配电网故障实现毫秒级复电。广东东莞配电网自动化主站 D5200 系统上线运行，实现 1 分钟内故障定位，转供电操作缩短至 5 分钟。2021 年南方电网分省区配电自动化有效覆盖率如图 4-1 所示。

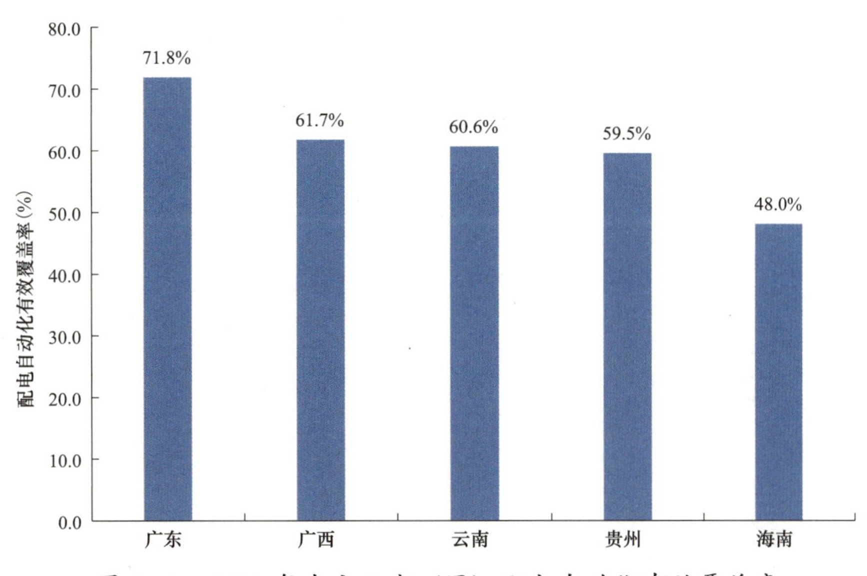

图 4-1　2021 年南方五省（区）配电自动化有效覆盖率

供电质量持续提高。截至 2021 年底，南方电网配电网供电质量指标均有大幅改善，全国城市电力可靠性指标排名前十中南方电网公司辖区内占据六席，城市供电可靠率达到 99.973%，较 2016 年提升 0.05 个百分点，如图 4-2 所示；中心城区停电时间降为 0.49h/户，较 2016 年降低 4.49h/户，如图 4-3 所示；用户平均停电时间降为 7.3h/户，较 2015 年降低 16h/

户，如图4-4所示。其中，广东、深圳电网中心城市（区）用户停电小时数不超过0.5h，达到世界一流水平。建成深圳前海、深圳福田、广州中新知识城、珠海横琴、佛山金融高新区等高可靠性示范区，其中，深圳福田高可靠性示范区供电可靠率达到99.999 95%，用户年均停电时间0.19min，

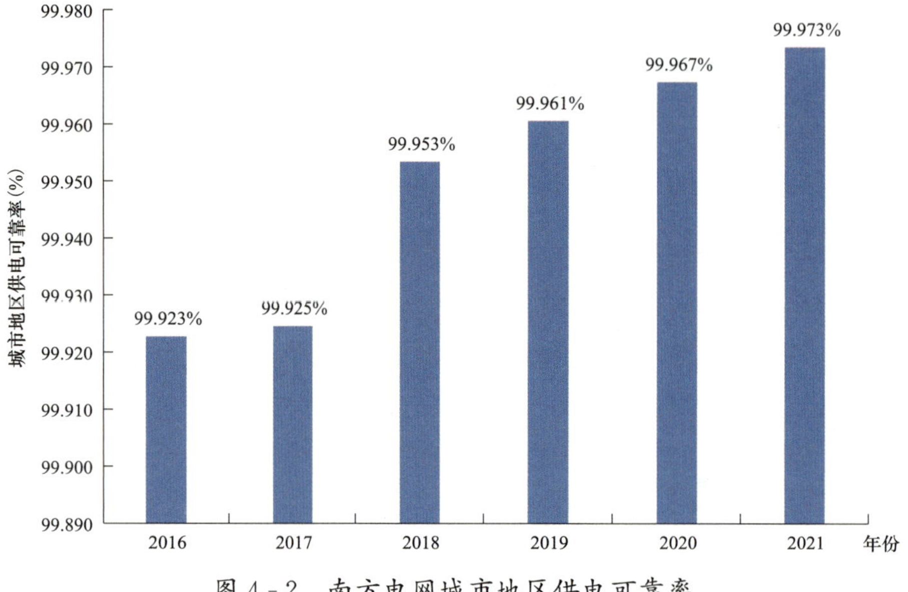

图4-2　南方电网城市地区供电可靠率

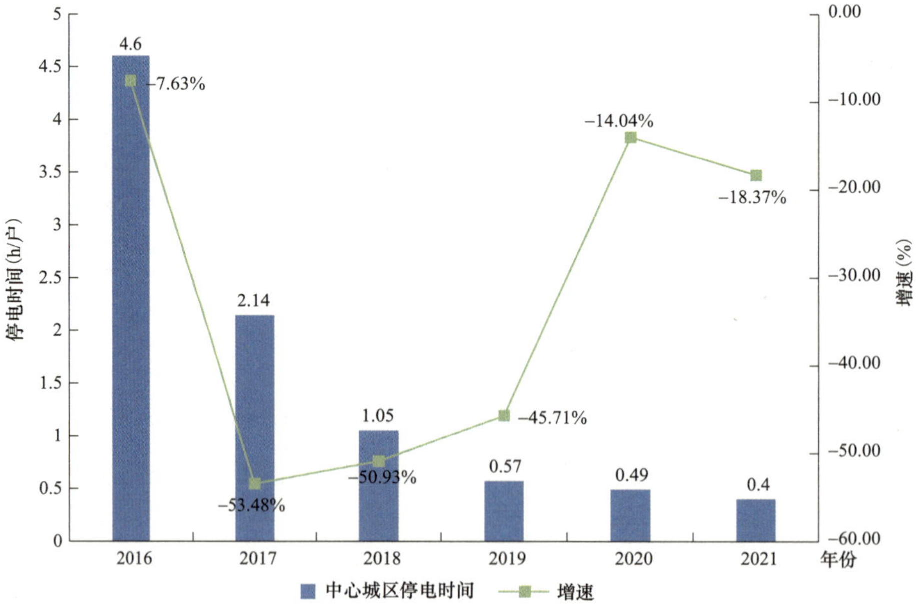

图4-3　南方电网中心城区停电时间

达到世界领先水平。截至 2021 年底，南方电网农村电网供电质量指标均有大幅改善，提前达到新一轮农网改造升级工作目标。农村供电可靠率达到 99.89%，较 2016 年提升 0.25 个百分点，如图 4-5 所示。

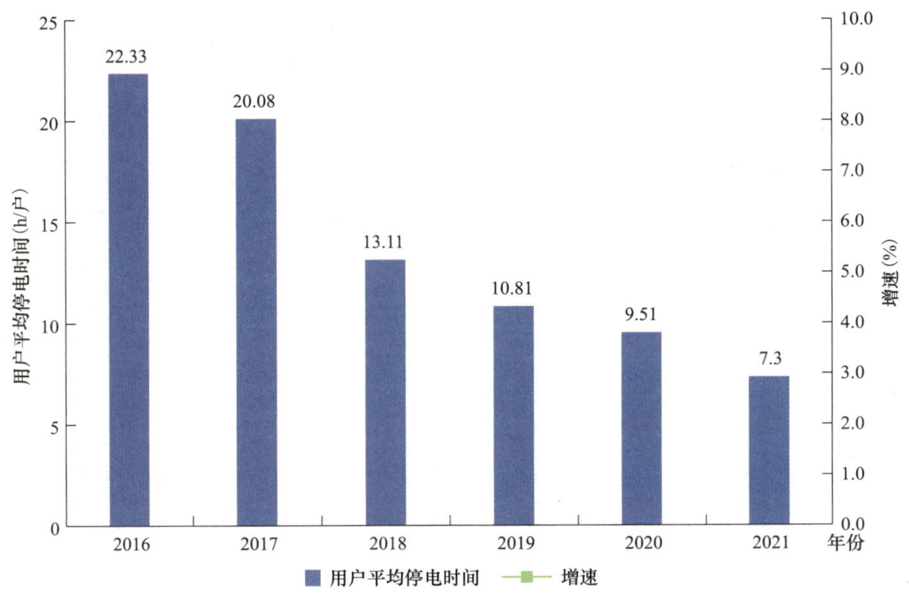

图 4-4　南方电网用户平均停电时间

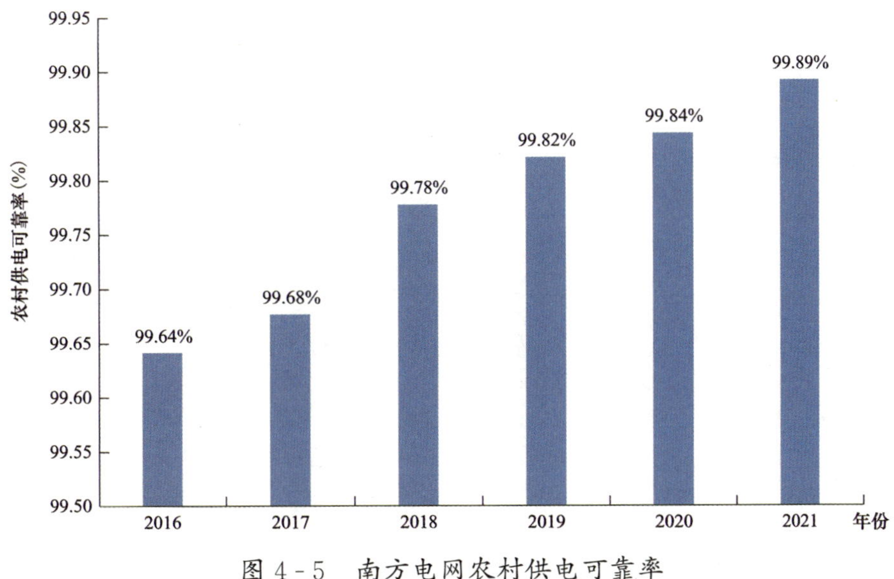

图 4-5　南方电网农村供电可靠率

受电端电压合格率稳步提升。2021 年，南方电网全面深化配电网自动化应用，不断提升供电水平。截至 2021 年底，南方电网受电端电压合格率均有大幅改善，其中城市居民受电端电压合格率达到99.91%，较2015年提升1.18个百分点，如图4-6所示；农村居民受电端电压合格率达到99.54%，较2015年提升2.09个百分点，如图4-7所示。

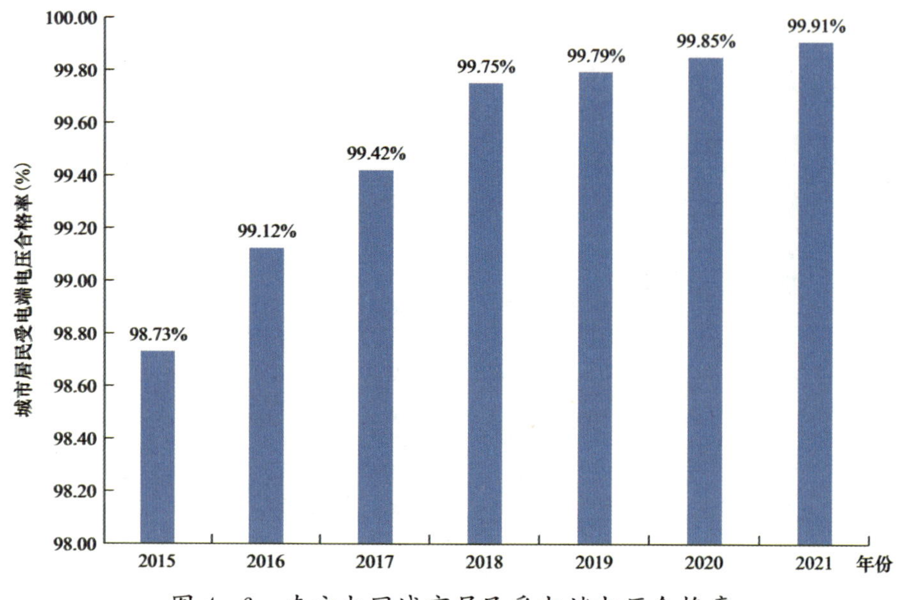

图4-6 南方电网城市居民受电端电压合格率

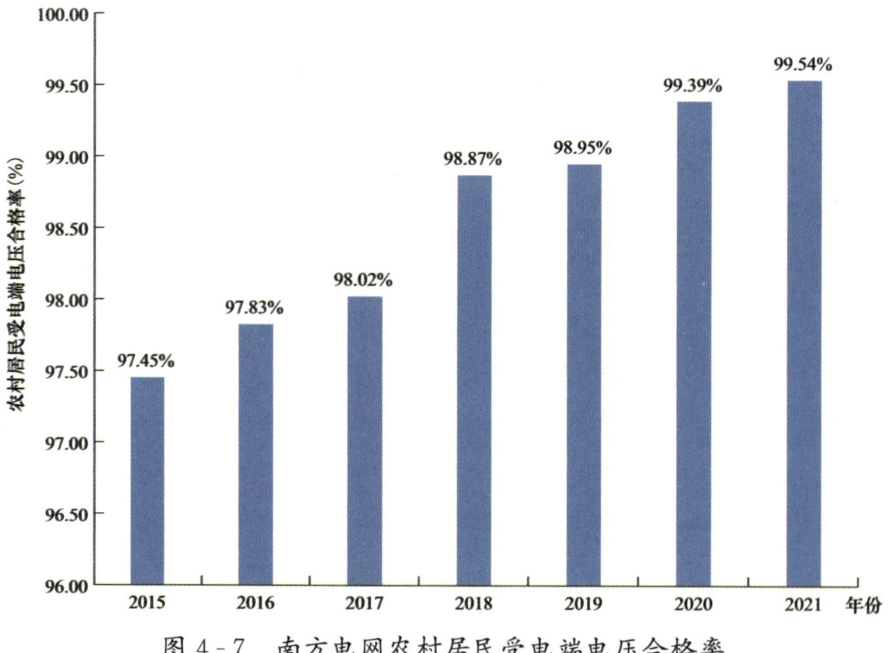

图4-7 南方电网农村居民受电端电压合格率

极端电力安全风险防控取得新进展。南方电网各中调滚动修编2021年

保底电网运行方案，制订极端情况下的能源保障方案；广州、深圳、海口供电局结合“7.20”郑州特大暴雨对电网影响的启示，开展了专项应急演练；穗东换流站、南宁监控中心核心场所权限管理工作试点取得初步成效；总调、广东中调安保示范工作获得了国家有关部门的高度肯定；深圳中调组织南山热电厂完成国内首例储能系统黑启动 9E 机组试验，解决了深圳核心区无黑启动电源的问题。

网络安全防线进一步加固。南方电网公司顺利通过“护网－2021”国家级考验，电力监控系统连续三年实现零失分。广东、海南作为靶心防守单位出色完成了既定目标。各中调抽调精干力量，首次参加公安部护网沙盘推演，获得全国第一的好成绩。广东中调、中广核新能源公司积极协办电力行业首届网络攻防实战演习，得到国家能源局肯定。网络安全纵深防御体系建设加快推进，防护能力稳步提升。态势感知系统实现全覆盖，实用化水平进一步提高。国内首创完成网省地“调度机构断网”实战演练，提高了整体安防水平。

保底电网（坚强局部电网）建设稳步推进。2021 年已完成 20 项保底电网建设项目，包括基建类项目 17 项、技改类项目 3 项。预计到 2021 年底，保底电网项目累计完成 267 项，包括基建类项目 196 项、技改类项目 71 项。广州、深圳保底电网基本建成，整体达到国内领先水平。

南方电网保底电网项目建设完成情况见表 4 - 1。

表 4 - 1　　南方电网保底电网项目建设完成情况

年份	“十三五”累计	2021 新增	2021 累计
项目总数	247	20	267
其中：基建项目数	179	17	196
技改项目数	68	3	71
广东	111	10	121
其中：基建项目数	63	9	72
技改项目数	48	1	49
广西	33	3	36

续表

年份	“十三五”累计	2021 新增	2021 累计
其中：基建项目数	33	3	36
技改项目数	0	0	0
云南	17	1	18
其中：基建项目数	16	1	17
技改项目数	1	0	1
贵州	53	5	58
其中：基建项目数	41	3	44
技改项目数	12	2	14
海南	33	1	34
其中：基建项目数	26	1	27
技改项目数	7	0	7

4.2 绿色低碳发展

非化石能源发电装机持续增长，非化石能源装机占比高于全国平均水平。南方五省（区）大力开发水电，加快风光等新能源发展，稳步推进核电建设，发电装机结构不断优化，清洁化水平不断提升。2021 年南方电网与全国装机对比图如图 4-8 所示。截至 2021 年，南方五省（区）非化石能源

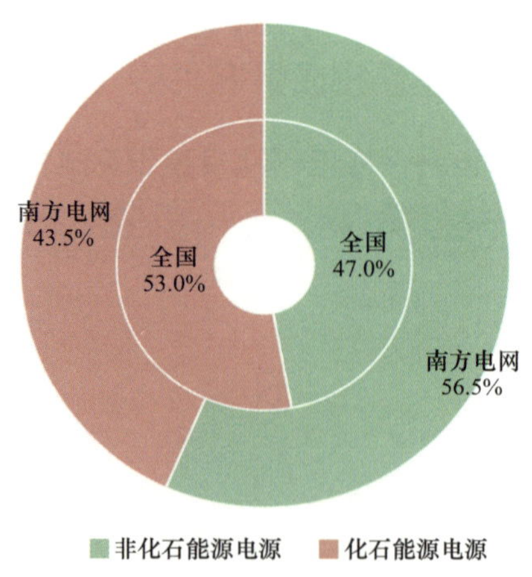

图 4-8　2021 年南方电网与全国电源装机对比图

发电装机规模达到 22 915 万 kW，占总装机容量的 56.5%，比全国平均水平高 9.5 个百分点，其中水电、核电、风光发电占比将分别达 33.9%、4.8%、15.9%，如图 4-9 所示。

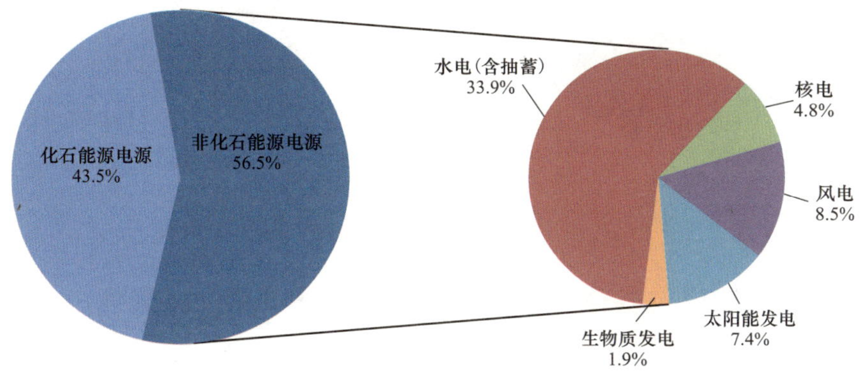

图 4-9　2021 年分类型发电装机占比情况

非化石能源发电量高速增长，占总发电量比重接近 50%。2021 年，南方电网非化石能源发电量占比 49.3%（含抽蓄），比全国平均水平高 14.7 个百分点。2021 年电源发电量结构对比情况如图 4-10 所示，2021 年南方电网发电量结构图见图 4-11。随着水电、核电、风光等非化石能源发电量的增加，南方五省（区）非化石能源电量 2022 年占比预计将继续提高，电源清洁化水平保持国内领先水平。

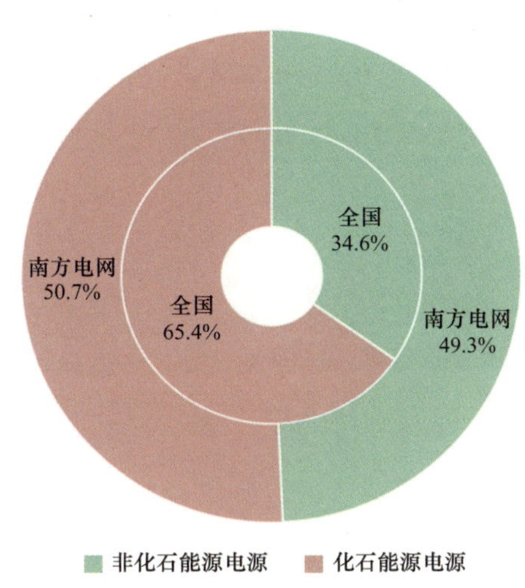

图 4-10　2021 年南方电网与全国发电量对比图

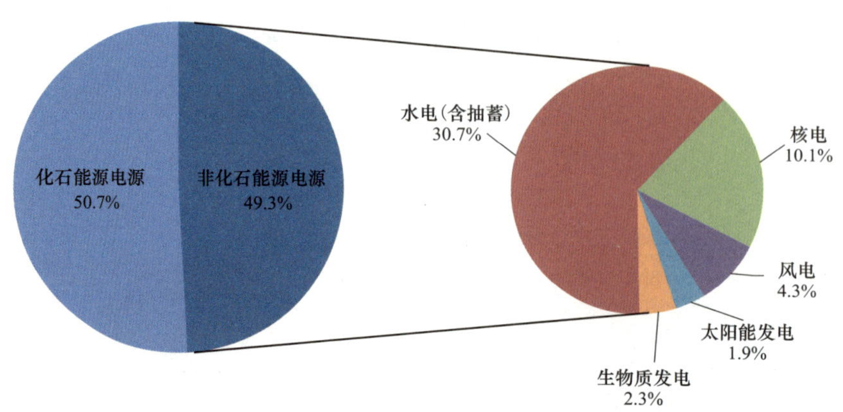

图 4-11　2021 年南方电网发电量结构图

清洁能源消纳成效显著，弃水、弃风和弃光电量大幅降低。南方电网连续多年开展了清洁能源消纳专项行动，全力加快新能源送出通道投资建设力度，投产粤西网架完善及电力外送新通道、云南 500kV 天星输变电、贵州 500kV 八河变电站扩建等工程，保障大规模海上风电和陆上风电、光伏等新能源及时接入和足额消纳。积极构建清洁能源调度体系，持续完善跨省区电力交易机制，努力拓展电力消纳市场空间，最大限度消纳清洁能源。云南弃水电量逐步由 2016 年的 321.8 亿 kWh 下降到 2021 年的 7.47 亿 kWh，弃水问题基本解决。2021 年南方五省区水能利用率达到 99.8%，同比提高 0.4 个百分点。风电和光伏发电方面，2021 年南方电网风电、光伏发电利用率均超过 99.8%，基本实现全额消纳。南方区域弃水、弃风和弃光情况如表 4-2 所示。

表 4-2　　南方区域弃水弃风弃光情况

年份	2017	2018	2019	2020	2021
1. 弃电量（亿 kWh）	353.1	177.2	18.2	26.3	9.17
（1）弃水电量	345	175	17	24	7.47
（2）弃风电量	7.8	1.9	0.9	1.8	1.2
（3）弃光电量	0.3	0.3	0.3	0.5	0.5
2. 弃电率（%）					
（1）弃水率	8.9	4.4	0.4	0.6	0.2
（2）弃风率	2.3	0.5	0.2	0.3	0.19
（3）弃光率	0.6	0.3	0.2	0.3	0.18

数据来源：南方电网调度控制中心，南方电网新能源运行年度总结分析报告。

跨省区消纳非化石能源电力的能力不断提升。"十三五"期间，南方电网相继建成滇西北送广东、云贵互联、昆柳龙直流等六项工程，形成"八交十一直"的西电东送大通道。2021 年南方电网西电东送日售电量多次创历史新高。2021 年 9 月 9 日首次突破 11 亿大关，达到 11.12 亿 kWh，比去年最高增长 5.1%。当天南方电网云南和贵州送出共 9 回直流通道均全部满负荷送电，直流通道最大送电功率达 3860 万 kW，通道利用率高达 92.7%。2021 年西电东送新增电量全部为非化石能源发电量，西电东送电量的非化石能源占比超过 84%，减少煤炭消耗达 5612 万吨。西电东送电量的非化石能源占比如图 4-12 所示。

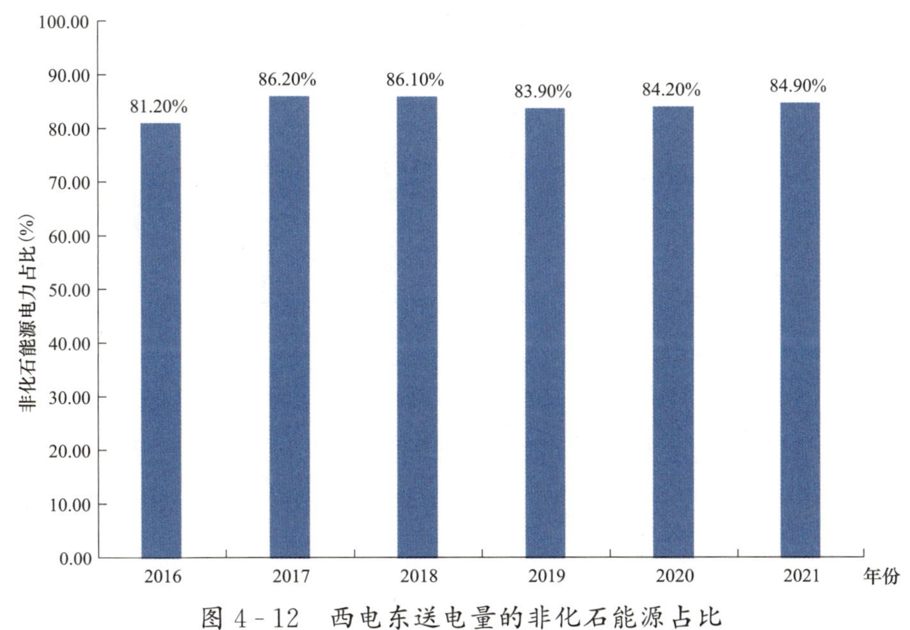

图 4-12 西电东送电量的非化石能源占比

倡导能源绿色消费方式，电能替代电量增长迅速。南方电网积极贯彻落实《关于推进电能替代的指导意见》的要求。利用"南网在线"推广电能替代产品，积极实施乡村电能替代，推广"电酿酒""电制茶""电烘干"等特色电能替代服务，推动传统产业转型升级；提速发展电动汽车服务产业，加快充换电基础设施建设。编制"一站一策"提升计划，存量充电桩功率利用率较 2020 年提升 32%。2021 年共建成充电桩 3.1 万个，南方电网"顺易充"平台已接入南方五省区近八成充电设施，平台影响力不断增强；

积极拓展园区、工业、建筑等节能服务业务，大力发展生物质发电、天然气分布式能源、余热利用等能源综合利用业务，目前，通过自主研发的“看能”能效管理系统，已实现建筑及工业企业能源“看、管、控”的全生命周期管理，接入项目近200个，全年为用户节约电量超8000万kWh。2021年，南方电网全年累计实施完成电能替代项目1.69万个，实现电能替代电量359亿kWh，较2016年增加314亿kWh，年均增长率达到62.53%，如图4-13所示。

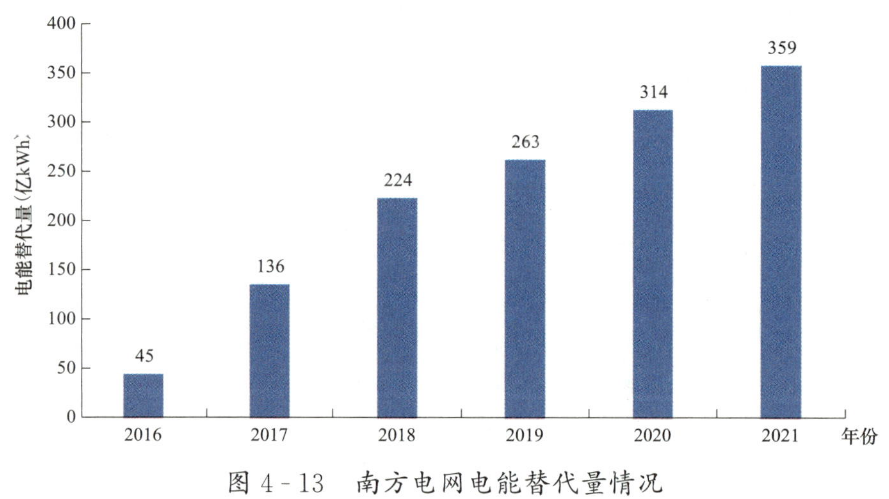

图4-13 南方电网电能替代量情况

引导用户节能，全力推进电力需求侧管理。积极引导能源绿色低碳消费，聚焦工业、建筑、交通枢纽、信息基础设施等重点领域及典型场景，全年新签36个节能项目，新增工业能源站装机2万kW；推动政府制订电力需求响应实施细则和完善管理体系，以市场化机制引导用户侧主动“削峰填谷”，广东省在全国率先建立了市场化疏导的需求响应交易机制，最大响应电力达到150万kW。2021年，南方电网全年实现需求侧节约电量41.36亿kWh，节约电力102.83万kW。南方电网需求侧节约电量、电力情况如图4-14和图4-15所示。

加速推进线损管理数字化智能化管理，深挖电网降损空间。2021年，南方电网全面实施线损同期管理，推进管理创新、科技创新、降损增效，减少能源输送损耗。印发了《2021年线损管理专项提升工作方案》，制订12

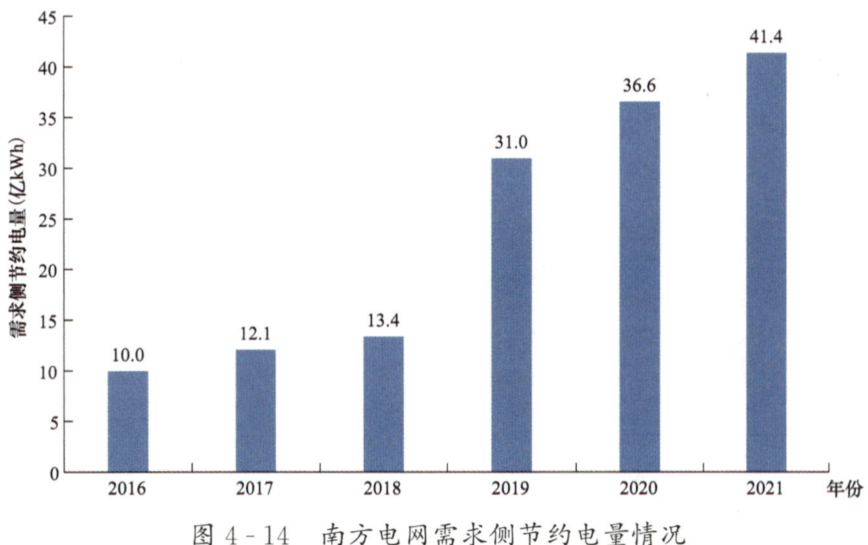

图 4-14　南方电网需求侧节约电量情况

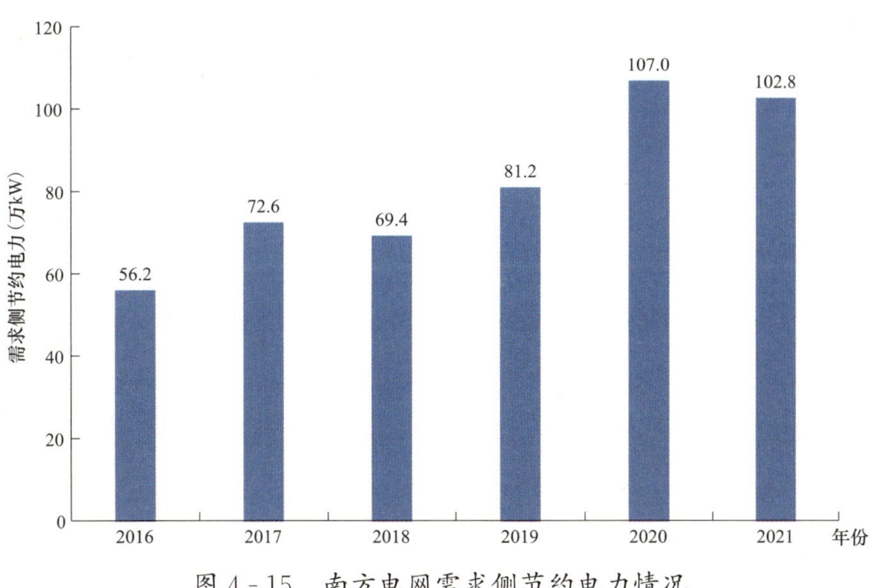

图 4-15　南方电网需求侧节约电力情况

项举措，对线损管理薄弱地区进行网省联合帮扶；推动管理线损降损三年行动，试点开展线损“日监测、周发布、月复检”，加强智能化排查和异常处置；专项治理电力设备残旧老化、三相不平衡、无功补偿不足、长期轻载或重过载问题；提升线损精益化管理水平，加速推进线损管理智能化，实现异常自动筛查。2021 年，累计查处窃漏电和计量故障电量 4.9 亿 kWh，对线损管理薄弱地区进行网省联合帮扶，首次实现所有地市供电企业线损率均低于7%，县级供电企业线损率均低于9%。全网线损率为5.19%，同比下降0.51个百分点，降幅是全国平均水平的1.5倍。通过降低线损率全年减少碳排放约350万吨。南方电网线损率情况如图4-16所示。

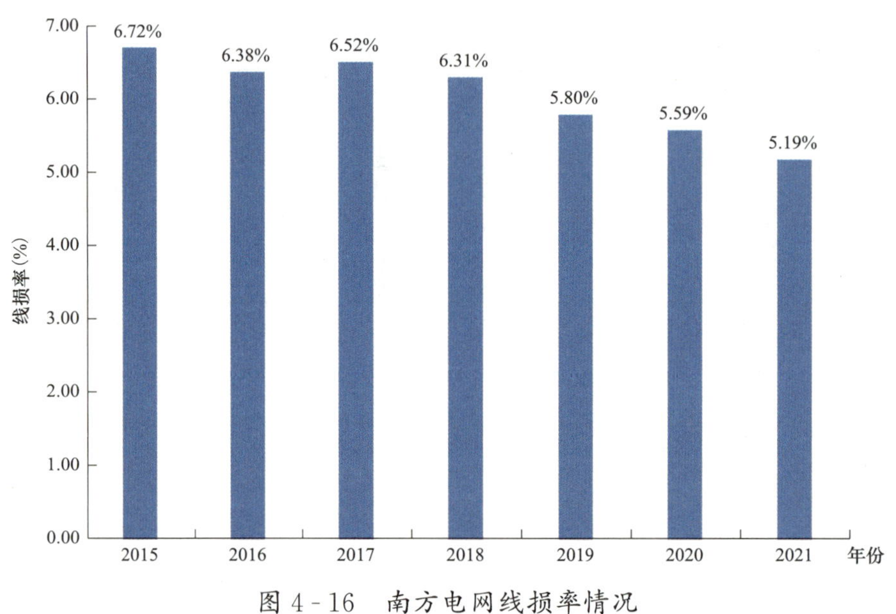

图4-16　南方电网线损率情况

建设绿色电网，打造环境友好型企业。2021年，南方电网加强建设项目全过程环境保护管理和输变电设施运行期环保治理，努力降低电网建设、运维过程中的资源消耗和环境影响，并通过技术及机制创新，提升碳减排支撑能力。持续完善环境保护管理机制，发布绿色低碳电网建设标准，严格按照绿色低碳电网建设要求，将绿色环保理念融入电网规划、设计、施工、运营全过程，实现电网建设与城市环境互利共生。基建工程设计达到绿色一级以上比例、新建项目环评批复率、电网建设生态恢复治理率等指标都达到100%；加快拓展智慧工程现场感知终端建设，在10项重点工程试点实现噪声、粉尘以及环境参数的自动在线监测；建成公司首个“LEED国际绿色建筑认证金级和国标绿色建筑认证三级”双认证变电站（广州110kV猎桥变电站）；深圳、海南抽水蓄能电站获评“2021年度国家水土保持示范工程”；在环保治理技术创新方面，成功研制国内首台含氟烯烃环保气体绝缘电气设备，多项技术成果达到国际先进水平。

4.3　智能高效发展

重要输电通道和灾害地区线路配置监测终端配置加快推进。截至 2021 年底，实现了山火、雷电、覆冰、变压器油色谱、GIS 局部放电等在线监测设备在全网的深化应用。广东电网建成省级输电可视化主站，并全面推广分布式故障定位装置，完成了图像视频监测试点装置的研制。2021 年，广东输电线路在线监测和中重冰区输电线路覆冰在线监测实现全覆盖，广西、海南输电线路在线监测覆盖率超过 90%。南方电网输电线路在线监测覆盖率如表 4 - 3 所示。中重冰区输电线路覆冰在线监测覆盖率如表 4 - 4 所示。

表 4 - 3　南方电网输电线路在线监测覆盖率　单位：%

年份	2015	2016	2017	2018	2019	2020	2021
广东	100	100	100	100	100	100	100
广西	94	93	93	92	92	93	96
云南	37	39	43	46	48	57	63
贵州	15	23	30	33	37	44	47
海南	70	80	88	90	93	95	98

表 4 - 4　中重冰区输电线路覆冰在线监测覆盖率　单位：%

年份	2015	2016	2017	2018	2019	2020	2021
广东	0	0	15	50	80	100	100
广西	35	48	57	62	65	74	79
云南	35	41	49	55	69	73	81
贵州	16	25	32	35	40	55	63
海南	—	—	—	—	—	—	—

智能变电站试点取得成效。采用“主要设备智能化、一次系统模块化、二次系统集成化”的技术方案，按照“试点先行、以点带面、分步推广”的方式，因地制宜、循序渐进、分步推进，选取广东中山 220kV 团结输变电工程、深圳 220kV 门前变电站工程等 16 个智能变电站作为建设试点。同时，先后发布智能变电站设计技术导则、智能变电站试点工程技术原则，出

台智能变电站标准设计和典型造价，指导智能变电站试点建设。截至2021年底，广东中山220kV团结变电站、惠州110kV智慧变电站等试点工程均已建成，试点工程体现变电站“智能化”“模块化”“集成化”的设计理念，采用智能高压设备、数字化采样及网络传输、小型化二次设备、二次功能集成、智能调控、智能运维、模块化建造等关键技术，全面提升变电站智能水平，达到国内领先水平。智能变电站工程智能变压器监测示意如图4-17所示，二次系统数字化采样及网络传输示意图如图4-18所示。

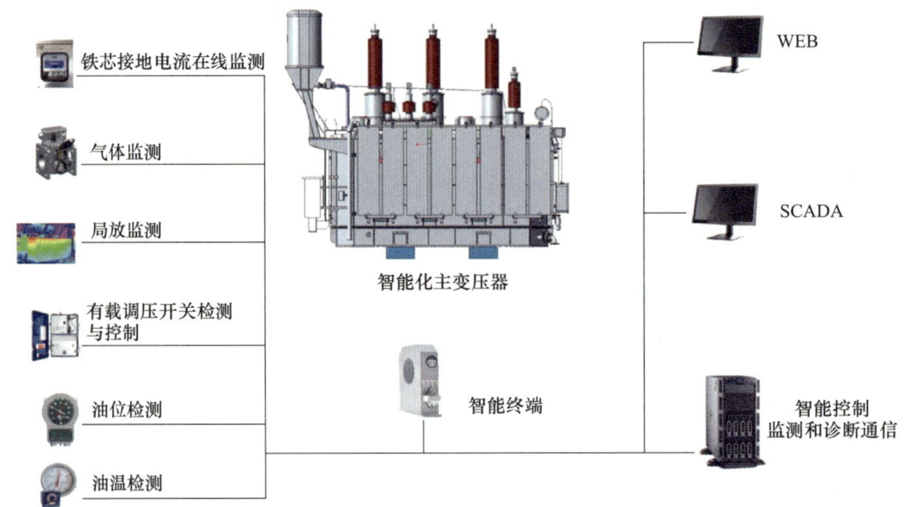

图4-17　智能变电站工程智能变压器监测示意图

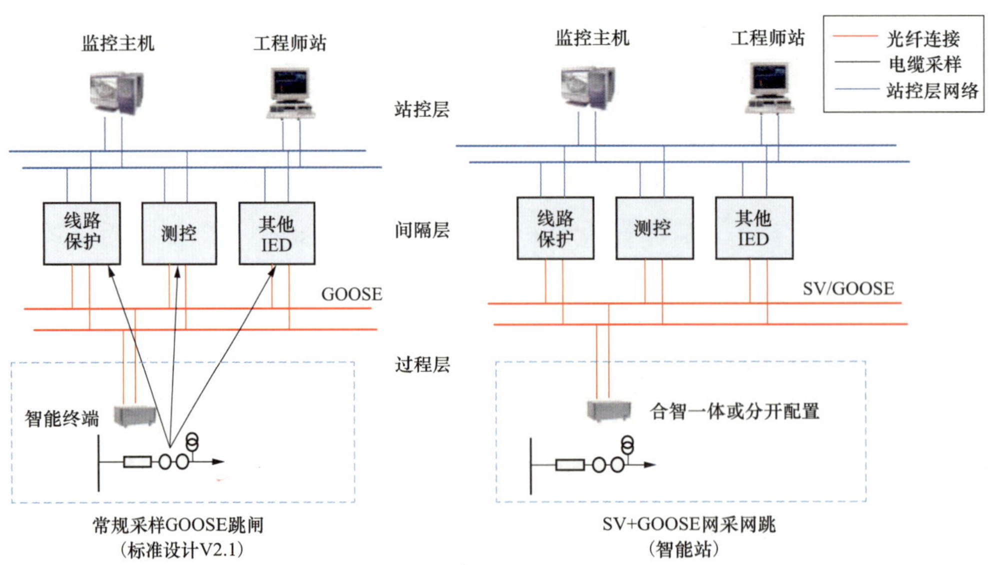

图4-18　二次系统数字化采样及网络传输示意图

不断探索电网与数字基础设施融合发展业务。2021 年底东莞局 500kV 纵江站顺利通过了广东电网电力调度控制中心调控一体化目标模式运作验收，实现一键全控，成为南网内首个实现一键全控的 500kV 变电站，其中基于图像识别双确认及Ⅲ区互联技术是南网首次在 500kV 站点实用化应用，通过一座变电站实现无人化操作模式对关键重要站点、500kV 至 110kV 多电压等级、GIS 与敞开式多类型设备、复杂变电站接线方式在一键全控方面的成功探索。通过高清视频摄像机、红外热成像摄像机、巡检机器人、SF_6 密度及微水传感器、环境采集传感器、火灾消防传感器等前端采集设备，按照制定的巡视任务，自动采集变电站图像视频、在线监测、环境监控、火灾报警等数据，对变电站设备运行状态及室内外环境进行全天候全覆盖远程智能巡视。

推进以智能电表为基础的高级量测体系建设。"十三五"以来，南方电网结合电表轮换周期，有序推进智能电表等量测体系建设，以满足基本用电计量、自动化抄表和电子化结算，实现计量装置状态远程监测，并为负荷精细化控制、线损精益化管理、电网末端低压电能质量监测分析、用户信息交互提供基础数据来源。截至 2021 年底，南方五省（区）智能电表覆盖率达到 100%，低压集抄覆盖率达到 100%，自动抄表率达到 99.6%。南方电网计量自动化覆盖率情况如表 4 - 5 所示。

表 4 - 5　南方电网计量自动化覆盖率情况表

项目	2016 年	2017 年	2018 年	2019 年	2020 年	2021 年
智能电表覆盖率（%）	80.6	93.8	100	100	100	100
低压集抄覆盖率（%）	39	73	100	100	100	100
自动抄表率（%）	—	—	97.7	99.3	99.46	99.6

持续推进互联网客户服务平台整合，互联网业务占比不断提高。"十三五"以来，南方电网运用云计算微服务技术，深入推进大数据和人工智能技术与业务的深度融合，加快整合 95598、支付宝生活号、微信服务号、掌上营业厅、网上营业厅、实体营业厅及其他社会化渠道等客户服务平台，推动

建立全用户、全渠道、全业务、全数据的“四全”客户服务平台，实现传统营销服务向互联网化、数字化、智能化转型，实现用户在任一时间、任一地点、任一互联网渠道、办理任一业务均得到一致的体验。截至2021年底，互联网统一服务平台累计用户7201万，互联网用电业务办理比例达到99%。低压非居民、高压单电源业扩报装全流程平均办电时长分别为2.5个工作日、20.4个工作日，第三方用户满意度达到85分。南方电网互联网客户统一服务平台应用情况如表4-6所示。

表4-6　　南方电网互联网客户统一服务平台应用情况表

项目	2017年	2018年	2019年	2020年	2021年
互联网统一服务平台注册用户（万人）	1300	3239.6	4382	5547	7201
互联网业务比例（%）	—	70	93	99.3	99